発達障害の人の雇用と合理的配慮がわかる本

● 石井京子 ● 池嶋貫二 ● 林 哲也 ● 村上由美 ●

弘文堂

はじめに

　著者が障害のある人の就労支援に携わるようになって18年目を迎えました。当初は、様々な障害のなかでも発達障害の（世間一般での）認知度は特に低く、そのため就職活動で苦戦していた当事者の方たちと数多く出会いました。そんな彼ら／彼女らのお役に立ちたいと、就職活動のためのガイドブックとして、2010年に『発達障害の人の就活ノート』を刊行しました。

　その後も、当事者の方々の就労機会の増加に伴い、働く発達障害のある人に必要な様々なテーマを検討し、「発達障害の人の就労支援シリーズ」として計10巻を刊行してきました（https://www.koubundou.co.jp/search/s11666.html）。

　法定雇用率の引き上げが追い風ともなり、発達障害のある人の就労状況は大きく変化しています。『ハローワークにおける障害者の職業紹介状況』でも精神障害者の就職件数は近年大幅な増加傾向が続いています。この数字に発達障害のある人も含まれているわけですが、彼ら／彼女らの就労状況が急速に改善してきていることは、嬉しい限りです。発達障害のある人たちの就職件数の増加とともに、彼ら／彼女らが個々に抱える、感覚過敏などの障害特性や、就業する際に必要な合理的配慮も広く一般に知られるようになってきました。しかしながら、発達障害のある人の特性や得手不得手は個別性が高く、また環境も大きく影響します。何か1つ不得手な作業があった場合に、ある条件下で上手くできるときもあれば、同じような条件と思われてもできないときもあるという状況です。些細な要因が輻輳的に影響しているだろうと思われますが、本人もなぜできるときとできないときがあるのかはわからないのです。

　発達障害のある人を初めて採用し、一緒に働き始めると、これま

での労務／人事管理のやり方では上手くいかないことがあります。それは環境面や仕事の進め方など、多岐にわたり、（定型発達の）周囲の人たちには気にもならないような些細なことが原因であったりします。このような場合に、周囲が従来の仕事の進め方や労務管理のやり方に固執してしまうと、発達障害のある人の欲しい配慮がまったく提供できていないということにもなります。いつものやり方が上手くいかないとき、当事者からの配慮の申し出に「前例がない」と受け付けないような固い考えは持たず、すべて柔軟に検討するという姿勢が一緒に働く人に望まれます。

　発達障害のある人の困りごとを聞き出し、一緒に対処方法を考え、成長を促し戦力としてその人材を活かすのか、それとも本人の困りごとを理解せず、お互いの意思疎通に齟齬が生じたままにしてしまうのか。発達障害のある人の未来は、一緒に働く人たちに大きくかかっています。周囲が当事者の困りごとを正しく理解しないまま、本人のやる気を失わせてしまうのはとても残念なことです。

　発達障害のある人を多く採用する企業では、採用にあたり、「支援者」を決めておくことを推奨するケースが増えています。この場合の支援者とは専門的な知識を持つ、公的機関や支援機関の職員を指します。障害者の雇用支援に関わる人材としては、障害者職業カウンセラー、職場適応援助者（ジョブコーチ）、就労支援員、ハローワークの専門支援員などです。

　このような支援機関から派遣される「支援者」は、はじめて障害者雇用に取り組む企業にとって、障害のある社員の雇用を支える貴重な存在です。障害のある社員との定期的な面談の実施により、困りごとを聞き出し、助言を行い、場合によっては職場の状況改善のために尽力もします。

　このように、発達障害のある人の就労においては専門知識を持ち、頼りになる支援者の存在が注目されていますが、障害のある人の就職件数が伸びるにつれ、就業後も長きにわたって支援を続けること

が難しくなってきました。支援者の異動があれば、障害のある社員を同じ担当者がいつまでも見続けることはできません。これだけ多くの障害のある人が就職している状況です。支援機関の利用者も増加していますので、相談の依頼があっても手が回らないことが考えられます。そのような状況では、当事者と一緒に働く人たちが発達障害に関する知識に加え、彼ら／彼女らを理解しようとする心を持ち、適切に対応できる人材になってほしいと強く願います。

　発達障害のある人と一緒に働く人たちは、常に「どこまでがわがままで、どこから合理的配慮が必要なのか？」という悩ましい問題に向き合います。この問題に対して、自信をもって対応できるようになるためには、発達障害のある人への合理的配慮について正しく理解することが何よりも求められています。

　本書では、数多くの事例をご紹介しています。発達障害のある人への適切な配慮を考えるヒントとなることでしょう。一緒に働く人たちが発達障害について正しく理解し、適切な対応を知ったとき、支援のスキルが身についたと言えます。本書は専門家としての「支援者」、そして保護者の方々を含めた広義の意味での支援者の方々、発達障害のある人と一緒に働く職場の方々に読んで頂くことを願い、上梓しました。様々な事例を知ることで、適切な合理的配慮の提供が可能となり、皆さまの支援の質と幅がさらに広がっていくことを願っております。

　本書では多岐にわたる視点をご紹介したいことから、医療、支援、企業といった様々な分野の専門家の方々に執筆のご協力をお願いしました。特に、「支援」の分野では公的機関、民間機関を問わず、精神障害雇用トータルサポーター、SPIS（Web管理システム）、そして就労移行支援のほか、企業内での支援について、それぞれ具体的にご紹介いただきました。ご協力いただきました池嶋貫二氏、林哲也先生、村上由美氏、水谷美佳氏、榎本哲氏、宇田亮一氏、北原和佳氏、安尾真美氏に心より御礼を申し上げます。

本書が発達障害のある人の特性への理解を広げるだけでなく、発達障害のある人たちに関わる方々の支援のスキルを高め、結果として、発達障害のある人の長期就業と活躍につながることを心より願っております。

2020 年 4 月　石井京子

第4章
当事者理解とコミュニケーションの進め方　119

当事者と働くうえで知っておくべきこと　120

快適な職場環境を作るには　122

労務管理について　126

支援を進めるうえで重要なこと　128

第 **5** 章

発達障害のある人の本音と合理的配慮　*157*

障害者雇用と
発達障害のある人の採用

▶ 発達障害のある人の就労

発達障害者支援法から始まった法制度の整備

　2005（平成17）年に施行された発達障害者支援法は、発達障害児（者）の早期発見と支援を目的とした法律です。2016（平成28）年、発達障害児（者）の支援が切れ目なく行われ、より充実したものとなるよう改正されました。

　発達障害者支援法では、それまでの法律で既存の障害者福祉制度の谷間に置かれ、障害者とみなされてこなかった、自閉症、アスペルガー症候群その他の広汎性発達障害、学習障害（LD）、注意欠陥／多動性障害（ADHD）などを発達障害と総称し、発達障害の定義を確立させました。これにより、障害者に関する様々な法制度に発達障害の位置づけが定着してきましたが、発達障害者支援法制定以前は発達障害という言葉は聞いたことがあっても、実際にどのような症状であるのか、対応方法も知られていませんでした。発達障害のある子どもを持ち、教育の場面で苦労をしてきた保護者の方々にとっては、発達障害者支援法の施行は大きな希望となったはずです。

子どもたちを支える特別支援教育

　教育において特別な支援を必要とする子どもが将来的に自立し、社会参加を図ることができるように、一人ひとりの生活上および学習上の困難に応じて行われる教育を特別支援教育と言います。

　従来の特殊教育では、視覚障害／聴覚障害／知的障害／肢体不自由／病虚弱／言語障害／情緒障害の7つの障害のある子どもが対象でした。これに加え、2007（平成19）年より実施された学校教育法の一部改正で特別支援教育に転換され、学習障害、注意欠陥／多動性障害、自閉症、アスペルガー症候群といった発達障害のある子どもが支援の対象に含まれるようになりました。

　現在、少子化により子どもの数が減り続けている一方で、障害の

ある生徒たちが通う特別支援学校の数は増え続けています。そのなかでも、東京都には企業就労100%を目指す特別支援学校があります。それらの学校のカリキュラムでは、パソコンの授業に加え、事務作業を経験するほか、清掃、物流、介護などの作業を専任の外部講師の指導により一通り経験します。そして、2年生、3年生になると企業での実習を経験し、その後、実習先の企業等に就職していくことになります。

発達障害のある子どもを持つ保護者のなかには、子どもが普通校に通うことでいじめられるかもしれない、就職活動で苦労するかもしれないと心配して、特別支援学校で訓練を受け、障害者雇用枠で安定企業に就職することを望む人は少なくありません。そのため、特別支援学校のうち、職業訓練の授業のある就業技術科を持つ学校は、軽度の知的障害／発達障害のある生徒が多く通う特別支援学校のエリート校とも言われています。

義務教育の場面では、知的能力の遅れのない発達障害のある子どもが存在し、注意欠如・多動症（ADHD）の特性としての注意力の欠如や衝動性、学習障害（LD）の特性としての読む、書く、計算するなど学習面でのアンバランスが見られます。しかし、ADHDは成長するにつれて目立たなくなると言われています。

一方、自閉スペクトラム症（ASD）の傾向のある生徒は、言語能力に遅れがなく学校の成績がよい場合には、学校ではもちろんのこと、周囲も本人も障害に気づくことなく、進級、進学していきます。発達障害に向き合うことになるのは、就職活動を始めてからか、もしくは、社会に出て働き始めてからということになります。

雇用障害者数の増加

では、成人してから、発達障害という診断を得た人は、どのようなきっかけで医療機関を訪ねることになったのでしょうか？　多くの相談者から話を聞きましたが、一般就労で自分の適性に合わない職種に就いてしまい、どんなに努力しても仕事がこなせなかったり、職場の人間関係が上手くいかずに退職に至ったりといったタイミン

グで、医療機関を受診している様子が見受けられました。そして、彼／彼女たちが発達障害と向き合い、自分の特性を理解してもらい長く働き続けたいと、障害を開示し、障害者雇用枠で就職するようになりました。

　2018（平成 30）年の法定雇用率引き上げの影響もあり、現在、障害者雇用の就職件数は右肩上がりで伸び続けています。2019（令和元）年 12 月、2019 年 6 月 1 日時点の障害者雇用状況の集計結果が報告され、雇用障害者数は 56 万 608.5 人（対前年比 4.8％増加：2 万 5,839 人）、実雇用率 2.11％（対前年比 0.06 ポイント上昇）と、雇用障害者数、実雇用率ともに過去最高を更新しました。2021（令和 3）年までには、障害者の法定雇用率は現在の 2.2％（民間企業の場合）からさらに 0.1％引き上げられます。

精神・発達障害のある人の雇用環境

　厚生労働省発表の『平成 30 年度ハローワークにおける障害者の職業紹介状況』では、新規求職申込件数は 21 万 1,271 件（対前年度比 4.5％増）、また就職件数は 10 万 2,318 件（対前年度比 4.6％増）でした。そのうち、精神障害者の就職件数は 4 万 8,040 件（対前年度比 6.6％増）と、近年増加の傾向が続いています。

　この統計で言われる"精神障害者"のなかには主なメンタル疾患に加え、発達障害のある人も多く含まれているものと思われます。発達障害の診断では、はじめから発達障害と診断される場合もありますが、二次障害である、うつや適応障害が先にわかり、二次障害で診断を受けている場合もあります。そのため、前述の厚生労働省発表の精神障害の人の就職件数に、どのくらい発達障害の人が含まれているのか、その実数はわかりませんが、就労支援機関等の報告からみると、かなりの割合の発達障害のある人が就労支援サービスを利用し、就労に結びついていることがわかります。

　2018 年、中央省庁が雇用障害者数を水増ししていた問題が発覚しました。最終的には、国の 28 の行政機関で 3,700 人分の雇用が水増し算入されていたことが判明しました。そして、法定雇用率(国、

地方公共団体等は 2.5%）達成のため、2019 年末までに新たに約4,000 人の障害者を採用する計画が立てられ、2019 年 2 月、初めて障害者限定の国家公務員試験が行われました。6,997 人が受験し、そのうち全省庁で 676 人が合格、人事院などが各省庁に採用増の検討を求め、最終的に 754 人が合格しました。合格者の障害種別では、精神 432 人、身体 319 人、知的 3 人となっています。

このとき、受験者のなかには民間企業での就業者も多かったことが推測されます。民間企業で就業している障害者が国家公務員に転じることで、民間企業の障害者雇用率が下がってしまうと、全体の障害者雇用率の上昇にはつながりません。（2021 年までに予定されている）法定雇用率の引き上げや、それによる中央省庁での大量採用の影響は大きく、精神・発達障害のある人の雇用の増加傾向はこれからもしばらく続くことでしょう。

このような状況では、長年の障害者雇用の経験のある企業も、今まで障害者雇用の経験のない企業も、今後は経験したことのない採用活動の厳しさの中で障害者雇用に取り組むことになります。これまでの障害者雇用では身体障害者の採用が中心でしたが、初めて障害者雇用の必要がでてきた企業が身体障害者を雇用しようと考えても、簡単に見つけることはできません。と言うのも、身体障害者の総数は増加しているものの、高齢化が進み、生産年齢人口における割合は 3 割をきっていることに加え、障害者採用市場での需要が高いために、特別な配慮がいらない身体障害の人はすでに雇用され、人材不足の状況が続いているからです。

こうした事情を反映して、ハローワーク職業紹介状況でわかる精神・発達障害者の就職件数も急激に増加しているものと思われます。そのため、この数年間で精神・発達障害のある人の就労に関する理解と啓発が著しく進んできています。

発達障害の特性対応と方法を知る

　発達障害の特性と合理的な配慮については、第2章で医療的な観点から解説していただいていますので、この章では、発達障害のある人が職場で感じている困りごと、それに関連する障害特性、当事者の心理を様々な場面から紹介します。

感覚過敏／感覚鈍麻について

　感覚過敏とは、五感（視覚、聴覚、嗅覚、味覚、触覚）が敏感すぎることをいいます。一方、感覚鈍麻とは、これらの感覚が鈍感であることを指しています。この障害特性は個々に特性の出方が異なるため、どのような配慮が必要かを本人と話し合い、それぞれの職場で提供できる配慮を状況に応じて決定していくことになります。一方的な配慮の押し付けでは、本人にとって効果が得られないかもしれません。当事者と企業側でお互いによく話し合ったうえで配慮を行ってみて、上手くいかないようであれば、変更するなどの調整が必要です。

　昨今、発達障害のある人のなかには、感覚過敏あるいは感覚鈍麻を持っている人が多いことが知られるようになり、一定の理解を得られるようになってきたと感じています。しかし、発達障害の感覚過敏は周囲が想像するよりもはるかに影響が大きく、その現れ方は多様です。以下、様々な事例を見ていきましょう。

【視覚過敏】

　発達障害のある人のなかには、視覚に過敏性のある人がいます。光や色によって受けるストレスが大きく、苦手な環境に長くいることで、ぐったりと疲れてしまいます。

　室内から明るい室外に出た際には、太陽の光を非常に眩しく感じ、目の前が真っ白になります。写真で光線が強すぎたとき、被写体の

周辺が白くぼやけて不鮮明になることをハレーションと言いますが、まさにハレーション状態です。当然のことながら、カメラのフラッシュが極端に苦手です。また、定型発達の人であれば、蛍光灯の下にいても何も感じませんが、発達障害のある人の場合には、蛍光灯の明かりをチカチカ痛く感じる人もいます。

　色にもよりますが、鮮やかな色を見るのがつらいと感じる人もおり、カラフルなポスターを見たり、人混みなどでたくさんの動くものを見ると気分が悪くなってしまいます。

　さらに、疲労が溜まったり、不安が強くなったりすると、視覚過敏症状がより出やすくなることが多いようです。

配慮の要望例と対応策

> **照明から遠い場所や、角や壁ぎわの席など、職場のなかでなるべくまぶしくない座席にしてほしい**

　最近は、机の配置にフリーアドレス制を導入している企業も多く見受けられます。席の移動が業務に支障をきたさないようであれば、本人のパフォーマンスが保てるように席替えを検討しましょう。

　この他にも、視覚過敏の強い人は、職場でサングラスや遮光レンズメガネなど、色のついた眼鏡の使用許可を求めることもあります。多少の過敏性であれば、眩しくないように、パソコンの液晶モニターの色やトーンを自分で調整して使用している人も多いようですので、彼らの特性を認識しておきましょう。

> **光や視界を遮るパーテーションやボックスを自分のデスクに置かせてほしい**

　眩しさに加えて、視界に入る風景や人物の動きなどでも集中力が途切れることがあります。本人が安心して仕事に集中できるよう、環境調整の検討が必要です。発達障害のある人は自分で工夫してツ

ールを利用したりして、自分なりに障害特性への対応方法を見つけ
ている場合があります。周囲の皆さんは、本人から説明を聞き、ど
のようなつらい状況であるかを理解しておく必要があるでしょう。

【聴覚過敏】

　詳しい原因はわかっていませんが、聴覚に過敏性のある人は、特
定の音に過剰反応したり、多くの人にとって気にならないような音
が、耐えられないほど大きく感じられることがあります。「音が耳
につきささる」「音が頭のなかで反響する」というような表現が使
われることもあります。その結果、イライラしたり、ぐったりと疲
れて体調まで悪化し、寝込んでしまう人も少なくありません。

　聴覚の過敏性はASD（自閉スペクトラム症）の人に多い特性と
言われています。ただし、ASDの人のなかにも聴覚過敏の影響の
みられない人がいます。一方で、聴覚過敏だからといってASDだ
とは限りません。聴覚過敏は、周囲に理解されにくい特性です。当
事者にとってつらいのは、周囲から「我慢できるでしょ？」「その
うち慣れるよ」などと我慢を強いられて、本人の聴覚過敏によるつ
らさがいつのまにか忘れられてしまうことです。

　苦手な音は個々に異なり、工事現場などで突然鳴り響く大きな音
が苦手な人もいれば、踏切の警報器のカンカンという音が苦手な人
もいます。職場でオフィスに入室する際、IC付き社員証などをか
ざして開錠するためのカードリーダー読み取り時のピッという電子
音が耐えられないという人もいます。苦手な音の種類やその程度は
人によって、また、そのときの状況（体調やストレスなど）によっ
て異なります。

　日常生活では、騒音の多い場所の1つに、スーパーマーケットが
挙げられます。店内には、人の話し声、ショッピングカートの車輪
の軋む音、エスカレーターの動く音、BGM、館内アナウンスなど、
様々な音が溢れています。発達障害のある人のなかには、そのよう
な場所に行くと極端に疲労してしまうため、買い物に行けないとい
う人もいます。同様に、電車での移動は駅の雑踏での騒音を経験す

ることに加え、朝の通勤ラッシュでは、狭い車内で大勢の乗客と身体接触することにも大きなストレスを感じます。

　また、疲労がたまったり不安が強くなったりすると、聴覚過敏症状が出やすくなることが多いようです。早め早めの休息を心がけ、自分なりのリラックス方法を見つけておくことが大切です。また、どんなときにつらくなるのか、本人から説明して周囲に理解者を増やしておくことも大切です。そのなかで、さらに次のような配慮を相談されることがあるかもしれません。

配慮の要望例と対応策

> ### 職場の席を、静かな場所にしてほしい

　聴覚過敏のある人の場合、通路側の人の出入りの多い席や、プリンターやコピー機の傍などは騒音が気になり、業務に集中することが困難です。その他にも、職場には電話の鳴る音や電話対応の声、同僚の会話など、様々な音が行き交い、聴覚過敏のある人の集中力を妨げることがあります。

　イヤーマフや耳栓、ノイズキャンセリングイヤホン、ヘッドフォン（デジタル耳栓）の着用を希望する人がいます。その場の状況や自分の体調に応じて、それらを併用したり遮音率で使い分けたりします。テレビは音を消し、どうしても見たいドラマや映画は字幕を表示させて見る人もいます。このように、日常的にはイヤホンや耳栓の着用で聴覚過敏への対応が可能ですが、業務上、正確にかつ至急に作業を完成させたい場合には、集中できる場所（別室や静かなスペース）を用意したり、席替えを検討するのも対応策の1つです。

> ### 集中しているときに声をかけないでほしい

　発達障害のある人のなかには、集中力のある人が多いことが知られています。その集中力をもって仕事に取り組み、他の人に比べて

はるかに短い時間で作業を終える人もいます。しかし、個人差はあるものの、その集中力が一度途切れると、再び集中力を取り戻すのに大変な労力を要します。周囲の騒音や声がけで集中力が途切れたときには、ストレスが増加することもあります。イライラする人もいれば、集中力を乱されたことに対して怒り出す人もいるかもしれません。急に大きな声で話しかけたり、怒鳴ったりしないようにしましょう。チャイムなど、大きな音が鳴ることが事前にわかっている場合には、声をかけて知らせておくことも大切です。

【その他の聴覚に関わる困りごと】

立食パーティーなどの騒音のなかで、自分が会話をしている相手の声だけを判別し、必要な事柄を選択して聞いたり、見たりする脳の働きをカクテルパーティー効果と言います。発達障害のある人は、雑音を遮断し、必要な音だけを選択して聞き取ることが上手くできないことがあります。例えば、聴覚障害のある人が補聴器を使用することで、すべての雑音を拾ってしまうのと同じような状態と想像するのがよいでしょう。

複数の人が参加し、周囲に騒音がある宴会などでは会話に集中できないという人や、マンツーマンでの会話では何の支障もないのに、会議やミーティングなど複数の人との会話が発生する場面では、聞き取りが苦手になる人がいます。

一方で、様々な理由から音への反応が鈍く、耳からの情報に弱い人がいます。早口や小さな声は障害特性に関わらず、誰でも聞き取りにくいものですが、発達障害のある人の場合には、はっきりと聞き取りやすい声であっても、長い話を聞き続けることに困難が伴います。

聴力検査では異常がないのに人の話が聞き取れないのは APD（聴覚情報処理障害 /Auditory Processing Disorder）の疑いがあり、特徴には次のようなものがあります。

● 聞き返しが多い
● 騒がしい場所での聞き取りが苦手

- 文字情報の方が正確に理解できる
- 音韻が似ている言葉を聞き間違える
- 言葉での指示への反応が遅い
- 聴覚情報の記憶力が弱い

配慮の要望例と対応策

> ### 先ほどの指示をもう一度、言ってください

　ASD タイプの人の場合、相手の話の意図を理解したり、様々な情報から要点をまとめ、大事なポイントだけ読み取ったりすることが苦手といわれています。また、相手の声のイントネーションなどから話し手の感情を感じ取ることも苦手です。話が長くなると、要点を汲み取れないこともあります。

　ADHD タイプの人の場合には、注意力や記憶力といった認知的な能力の弱さが影響し、「聞き取れない」「わからない」「（言われたことを）覚えていない」という症状に結びつくことがあります。

　多くの人が意識せずとも行っている「聞く」という動作には、相手が話をしている間、注意を傾け続け、内容を理解して保持しながら次の話を聞く、というように様々な能力が必要です。

　仕事の指示などを発達障害のある人が聞き返したとき、言われた相手は「話の内容を理解できなかったのだろう」と受け取り、わかりやすい例えを利用して返答することがあります。この場合、当事者は新たに前回と異なる音声情報を受け取ることになり、とまどってしまいます。発達障害のある人が会話の相手に「もう一度、言ってください」と聞き返したときの意図は、聞き漏らしたので、同じ内容をもう一度言ってほしいということなのです。

【臭覚過敏・味覚過敏】

　発達障害のある人のなかには些細な匂いに耐えられず、時には吐き気や頭痛を起こしたりする人がいます。味覚に関しても、味の濃

いもの／強いものが苦手な人が多く、自分の感覚の許せる範囲のものしか食べられないため、極端な偏食に陥る場合があります。

　特に子どものうちは、特定のものしか食べられなかったり、好き嫌いが多く、偏食の傾向が目立ちます。例えば、「白いご飯は好きだけど、混ぜご飯は絶対ダメ」という子どもの場合、混ぜご飯に入っている個々の素材の食感に耐えられないということがあります。発達障害のある子どもの偏食は、食材を口に入れたときの触覚が大きく影響しているようです。「イチゴのツブツブが怖い」「果物の粒が口の中ではじける刺激が耐えがたい」ということもあります。どのような舌触りが苦手なのかは、子どもによって違います。これは「触覚」の過敏さ、鈍感さが生み出す「触覚防衛反応」とも言われ、近年、発達障害のある子どもの「食」の嗜好や困難に関しては、様々な調査・研究が行われています。

配慮の要望例と対応策

昼休みは一人で過ごしたいのですが、いいですか？

　発達障害のある人は、成人してからも偏食の多い人が少なくありません。食への興味・関心が薄い人もいます。彼／彼女たちにとって、どのような味かわからない未知の食べ物を食べるのは勇気のいることです。そのため、毎日の食事では食べ慣れている物を選択することになります。オフィスで働く人たちのなかには、「今日は何を食べようか？」と誘い合ってランチに行くことを楽しみにしている人も多いと思いますが、発達障害のある人にとっては毎日決まった店の同じ席で、同じメニューを注文するのが、一番安心するひと時なのです。加えて、他の人たちと一緒にランチに行くと、雑談が苦手なため気疲れしてしまう人も少なくありません。周囲は早く職場に馴染んでほしいと、気を遣ってランチに誘いますが、疲れている場合は断ってもよいと伝えてあげましょう。昼休みの過ごし方については、事前に話し合い、本人の状況を理解することで誤解を生

むことがないようにしましょう。

【触覚過敏】

　発達障害がある場合、赤ちゃんのときに抱かれることを嫌ったり、小さな頃には掃除や砂遊びを嫌うことがあります。個人差はありますが、手がべたべたになったり、水に濡れるといった皮膚への刺激が苦手な人がいるようです。このように、ちょっとした皮膚刺激にも不快を感じやすく、成人してからは洋服のタグがチクチクするのが気になり、着られる衣服が限られるという人がいます。ある女性は、着られる素材の衣類を見つけたら、色違いをすべて購入していると話してくれました。

配慮の要望例と対応策

> **満員電車が苦手です。出勤時間をずらすことは可能ですか？**

　触られることが苦手な場合には、大勢の人との接触を避けられない満員電車への乗車を苦痛に感じる可能性があります。発達障害のある人からこのような要望が出たときには、理由を聞き、それが障害特性によるものであれば、フレックスタイム制度や時差出勤などによる対応を検討すべきでしょう。

感覚過敏に派生する苦手なこと、あれこれ

　感覚過敏のある発達障害の人は、ほとんどの人が気づかないような、様々な環境変化を感じやすく、またそれにより体調にも影響が出やすいようです。特に気圧の変化に弱い人は少なくありません。気圧の変化と体調不良が関係することはよく指摘されていますが、その変化が急なほど症状は強くなります。主に不調を訴えるのは気圧が低下するときです。気圧が変化すると、人間の体はストレスを感じ、それに抵抗しようとして自律神経が活性化されます。自律神経系には、交感神経と副交感神経があり、交感神経は血管を収縮さ

せ、心拍数を上げて体を興奮させる働きがあり、一方、副交感神経は血管を広げて体をリラックスさせる働きがあります。この交感神経と副交感神経の調整がうまくいかないと、体調不良となってしまうのです。特に症状が出やすい季節は、低気圧が定期的に通過し、気候が変わる春や秋、梅雨の時期、そして台風が日本に接近する夏の終わりから秋にかけてです。台風は、気圧の変化が急激なうえ、移動のスピードが速いので、特に体調不良を感じやすくなります。

　気圧の変化に弱い発達障害のある人は、自分の体調不良がいつ出るのかを把握するために、「頭痛ーる」という気圧変化の予測アプリを利用しているようです。気圧変化のタイミングを予測することで、あらかじめ睡眠を十分にとったり、薬を服用したりすることができ、体調管理に役立ちます。

発達障害のある人の疲れやすさ

　発達障害のある人のなかには、あらゆる感覚は敏感なのに、痛みや疲れには鈍感で、自分の身体の状態に気づけない人がいます。また、暑い／寒いを感じて風邪をひかないように体温調節をすることができず、体温が高くても普段通りにすごし、体調不良に気づいたときには入院が必要なくらい悪化していたと話す相談者もいます。

　このように、発達障害の特性に感覚過敏と感覚鈍麻の両方があるのは、頭のなかでいつも特定の刺激に支配されている一方で、他の感覚が鈍感になってしまうためと考えられます。

　感覚過敏があると、常にストレスフルな状況が続き、ラッシュアワーの電車に乗って通勤するだけでもくたくたになってしまいます。オフィスでは、視覚過敏や聴覚過敏で集中できないときもありますが、気が散りやすい自分を鼓舞し、なんとか1日の仕事を終えるだけで精一杯です。繁忙期には周囲の人と同じように時間外業務に対応する必要が生じますが、発達障害のある人はすでに心身ともに疲れ果てています。無理して時間外業務を行ってみても、体力が続かず、次の日の朝は起き上がることができずに会社を休まざるを得なくなってしまう可能性があります。職場の人たちが連日残業を

していたとしても、発達障害のある人には先に帰宅してもらうことが就労定着のうえでは大事です。

　発達障害のある人の場合、本人は意識していなくても異動や席替えなどのちょっとした変化が精神的な動揺につながり、身体に湿疹などの変化が出ることがあります。周囲の皆さんが発達障害のある人の不調を感じたときには、その背景に最近原因となるような出来事がなかったか、思いを巡らすようにしたいものです。

　また、発達障害のある人のなかにはHSP（Highly Sensitive Person）という超敏感な気質を持つ人が含まれます。HSPの人は何事も重大に受け止め、職場でちょっとしたトラブルが発生した場合には、直接的には自分のミスではないことがわかっていても、心理的に非常に大きな不安を感じます。トラブルの後始末やそれらに関わる人たちとの話し合いや調整で疲れ果ててしまい、会社を休まなくてはいけないほど気持ちが消耗してしまうことがあります。この場合、本人は自分の体調不良の原因を自覚していないことがほとんどです。

　こうした感覚過敏がある場合、頭のなかはいつも特定の刺激に支配され、不安感を抱えている場合があります。ハンドスピナーや砂時計など、感覚刺激や視覚刺激によってリラックスを促すコーピンググッズと呼ばれる商品がありますが、本人のお気に入りの小物（タオル地の小さなぬいぐるみなど）をデスクに置いておき、不安なときに手に取ることなどでも効果があるかもしれません。

配慮の要望例と対応策

> **不安やストレスなどでつらくなったとき、短い時間でよいので休憩させてもらいたい**

　職場に休憩室やリフレッシュコーナーがある場合はそれを利用します。こうした設備がないときには、ちょっとしたコーナーなど、つらくなったときのクールダウンスペースを設けて利用できるよう

にすると安心するでしょう。

ネガティヴな情報は聞きたくない

　残念なことですが、世の中には悲惨なニュースが溢れています。発達障害のある人のなかには自分と他者の区別がつきにくい人がいます。世の中の不幸なニュースのすべてを、自分に起きたことのようにもろに受け止めてしまうため、自宅ではいっさいテレビを見ないという人がいます。

　職場で流れるネガティブなうわさ話も極力聞きたくないと思っています。人事部門では様々な個人情報にも触れることになりますので、ネガティブな情報を聞きたくないと思っている発達障害のある人にとって、不向きな部署かもしれません。

▶ 発達障害のある人の働きやすい職場を考える

　発達障害のある人のなかでも、感覚過敏のある人に加え、注意欠如・多動症（ADHD）タイプの人が障害特性の影響を一番受けやすく、職場での環境調整が必要になります。自閉スペクトラム症（ASD）タイプの人の働きやすさのためには、コミュニケーションの取り方や仕事をするうえでの仕組みやルールの構築が優先されます。学習障害（LD）タイプの人にとっては、苦手な読み書き以外の手段による指導が効果的です。

　以下、環境に最も左右されやすいADHDを中心に説明します。

注意欠如・多動症（ADHD）タイプの人の傾向

　ADHDには、「不注意」「多動性」「衝動性」の３つの特徴があります。こうした障害特性が影響して、集中して１つのことを考えることが苦手です。興味関心が拡散し、つい他のことを考えて気が散ってしまうため、自分で集中力をコントロールすることができませ

ん。こうした障害特性から、仕事でのミスや抜け漏れが多く、本人も気にしてはいるものの、ケアレスミスを繰り返したり、忘れ物をしたりといった行動が目立ちます。その一方で、先入観にとらわれないアイデアを持っていることがあります。

　また、「空気を読む」ことが苦手で、周囲がどう感じるかは考慮せず、相手の発言を遮って自分が思ったことをそのまま発言してしまったり、順番が待てなかったり、感情のコントロールが苦手で怒りが抑えられないという特徴があります。

　ADHDの傾向として、自分が興味のない業務は後回しにする、先送りにするなどの行動があります。一方で緊急の場面では高いパフォーマンスを発揮することがあります。しかし、この高いパフォーマンスは安定して発揮できるとは限りません。また、人懐こく、人の役に立ちたいという気持ちがあるため、皆と一緒に取り組むことや、人と関わる仕事は本人のモチベーションにもつながります。

　ADHDタイプの人に限らず、発達障害のある人のなかには「好きな仕事ではないからモチベーションが上がらない」「自分がやりたい仕事以外はしたくない」と話す人は少なくありません。発達障害のある人は注意力が散漫だったり、こだわりが強く関心領域が限定されていたりと、それぞれに傾向は異なりますが、そのような彼らがモチベーションを維持して働き続けられる職場を増やすことが何よりも重要です（p.23参照）。

注意欠如・多動症（ADHD）タイプの人が働きやすい環境
◎パーテーション／席替え
　ADHDタイプの人は、オフィスなどのように大勢の人がいる環境では周囲の視線や物音を気にして集中できないケースがあります。そのため、パーテーションで区切ったり、人の移動の多い出入口付近の席は避けるなどの対応が効果的です。

◎選択自由な業務フロー
　業務の手順が明確で、バリエーションのある複数の業務を自分の

好きな順番や好きな時間配分で進められる環境がベストです。

　ADHD の特性から、単調な入力作業などはミスをしやすく、一日中根を詰めてデータをチェックするような業務は向いていません。また、そのような作業をする場合には、人一倍神経を使って取り組むことになるため、たとえ定時に仕事が終わったとしても疲労困憊してしまいます。もともと席にじっと座っていることを苦手とする人もいますので、一日中パソコンに向かうような業務をせざるを得ない場合には、少し身体を動かすような作業を挟むことで本人の苦痛はかなり改善されるでしょう。また、集中力を保つために服薬している人もいますが、長時間の残業があると効果は継続しません。

　ミスを多発しないためには、「ゆっくり作業すればよいのでは？」と思う人もいるかもしれません。しかし、ADHD タイプの人の場合には、ゆっくり作業したからといってミスは減りません。単調な入力作業や、絶対に間違いが許されない作業など、本人が不安に感じる業務については、他の社員が読み合わせやダブルチェックでサポートするのが適切な対応と言えるでしょう。

◎具体的で明確な指示

　推し測ることが苦手な発達障害のある人にとって、当然のことながら、周囲の様子を見ながら同じように行動するということはできません。あいまいな指示だと相手の意図が掴めず、何をどうしたらよいのかわからず悩んでしまうため本人の負担になります。

　仕事の指示を出す場合には、何をいつまでに、どういう手順で行うのかまで明確に指示すると、迷わずに作業を進めることができます。締め切りなどを忘れやすい人には作業の進捗状況を確認しながら、適宜リマインドしてあげましょう。

◎できたことへのフィードバック

　発達障害のある人は、仕事でも言動でもどうしたらよいのか、何が求められているのかを理解していないことがあります。周囲の人は、仕事に関して何がどのぐらいできているのか、言動については

何がよくて、何がダメだったのか言葉できちんと説明するようにします。できていないことだけを指摘されると、本人が委縮してしまいます。できなかったことについては、穏やかな態度で、なぜできていなかったのか、どうすればできるようになるのかを具体的に示すことが大事です。

　発達障害のある人は、これまでの挫折体験や失敗経験から自己肯定感が低くなっている場合があります。日頃から、できたこと／できていることを丁寧にフィードバックしていくことが大切です。

◎交渉業務は避ける

　ADHDタイプの人は相手の気持ちや感情を読み取る力があり、特性に「空気が読めない」ことは含まれていません。それにもかかわらず、「コミュニケーションが上手くいかない」と本人が悩むのはなぜでしょうか。それはADHDタイプの人のなかにはHSP（Highly Sensitive Person）という超敏感な気質を持ち、些細なことにも動揺しやすい人がいることが関係しています。HSPの人が交渉事を苦手と感じている場合には、取引先と交渉しなければいけないというだけでも不安で、交渉の日の何日も前から心配でたまらなくなってしまいます。場合によっては、食欲や睡眠にも影響が出ることがあります。人員配置を検討する際には、発達障害のある人が苦手とする業務は極力避けるのがよいでしょう。

自閉スペクトラム症（ASD）タイプの人の傾向

　ASDタイプの人は体系化された思考を持ち、論理性、秩序を望みます。また、特徴として集団行動が苦手です。一人で取り組むことを好み、興味関心が限定されていて、細部に注意が向きます。自分の業務に淡々と取り組み、目の前の業務を片付けていくことに達成感を感じます。一方で、自分のやり方にこだわることから、急な変更や突発の指示への対応が困難です。

　こうしたこだわりは、自分の知る手順ややり方を変えることに不安を覚えるためです。マニュアルを渡しても、それまでにやったこ

とのない作業の場合には、不安を覚えなかなか作業が進まないことがあります。急な変更や、突発の指示は本人にとって大きな衝撃で、軽いパニックに陥ったり、思考がフリーズしてしまうこともあります。また、自分の業務に集中しているときに急に声をかけられると、思考が中断されますので、大きなストレスを感じたり、人によっては怒りの感情が見られることがあります。

変化に弱いASDタイプの人への対応としては、仕事の内容や手順の変更はもちろんのこと、職場におけるちょっとした変化（席替え）などもできる限り早く、事前に知らせるのがよいでしょう。

ASDタイプの人のなかでも人の気持ちや感情を読み取る能力が低い人の場合は、相手がなにを思っているのか、どんな反応を求められているのかがわからず、会話のキャッチボールがうまくできません。また、臨機応変な対応を求められる仕事では、思考がまとまらず相手に何を伝えるべきなのかがわからず、混乱してしまうということも起こり得ます。

このようにコミュニケーションが苦手な発達障害のある人にとって、問い合わせを受けることや交渉などはハードルの高い業務であることを認識しておきましょう。

学習障害（LD）タイプの人の傾向

LDタイプの人のなかには知的能力に遅れがないにもかかわらず、何らかの能力が著しくバランスに欠けている人がいます。例えば、長文読解が苦手な人の場合には、マニュアルを読んでも何が書いてあるのか理解できず、作業ミスにつながりやすくなります。このようなタイプの人には目の前で実際にやって見せ、その後で本人にもやってもらうのが最も有効な教え方です。

発達障害のある人にはメモをとることが苦手な人が多く、特にLDタイプの人に筆記する（紙に字を書く）、板書を自分のノートに書き写すことに苦手さを感じる人が多くいます。しかし、パソコンやタブレットなど、キーボードを打つことは問題がないというケースもあります。一人ひとりに合わせた指導の方法が必要です。

どのタイプであるかに関わらず、発達障害のある人が働きやすい環境は、個々の特性が理解され、職場で受け入れられていることを本人が実感できる場所であることに尽きます。本人の特性に合わないことを続けるよりも、障害特性を配慮した環境で、得意な仕事を任せるほうが遥かに高いパフォーマンスを発揮できるでしょう。

▶ 発達障害のある人は面倒くさい人なのか？ 困っている人なのか？

認知の違い

　発達障害のある人は細かい部分に注意がいきます（枝葉末節が目に入ってきます）。そのため、"大筋で理解する"ことが苦手で、情報の取得に関して定型発達の人との間に大きな違いがあります。

　例えば、発達障害のある人と定型発達の人が一緒にセミナーに参加したとします。定型発達の人の場合、講師の話を一言一句覚えているということはありませんが、話の重要な部分は覚えており、講師が発した言葉だけでなく、講師の考え方や意図まで想像力を使いながら聞いているのではないかと思います。また、講師の話が長かったり、どんなにまとまりがなかったりしても、この人は何を話したいのだろうかと推測しながら聞き、話の全体像を記憶します。これらの作業は無意識のうちに行われます。

　一方、発達障害のある人は話の大筋に関係のない細かいことも含めて、話されていた情報をそのまま取り込もうとします。そのため、講演などを聞くときは、話の流れがあらかじめ示されていないと、講師が何を話したいのか、わからないままに聞き続けることになります。発達障害のある人の多くが、話を要約することや抽象的な事象を理解することが苦手です。

　また、障害特性として、白黒はっきりしていることを好むため、結末がはっきりしないまま講師の話が終わってしまうと、モヤモヤした気持ちになる人もいれば、自分の望む明確な結論へと展開しな

いことに、フラストレーションがたまってしまう人もいます。

　一般的に、会社で会議を行う際には、円滑な進行のために議題を事前に提示することが主流です。この予定表を「アジェンダ」と呼びます。発達障害のある人のなかには、アジェンダ通りに会議が進行することを望む人が多いようです。普段、発達障害のある人に対して仕事に関する指示や説明をするときにも、この「アジェンダ」に代わる、仕事全体の流れを説明する機会を持つことの重要性を認識する必要があるでしょう。

　定型発達の人はもともと記憶が雑です。小さな思い違い、記憶違いには無頓着でいられます。ところが、発達障害のある人は細かいことが気になり、100％一致しないと気が済みません。こうした特性は質問の仕方にも表れます。周囲がこれはこういう意味だろうと、暗黙のうちに了解している会社の規則などについても、確認のために敢えて細かい部分を質問してしまうなどの傾向が見られます。

想像力の問題

　発達障害のある人のなかには想像力が乏しい人がいます。以下、それぞれ見ていきましょう。

【見込みが甘い】

　仕事におけるスケジュール管理は、社会人なら必須ともいえるスキルです。発達障害のある人の想像力の乏しさからくる「余裕を見込むのが苦手＝スケジュール管理が苦手」という特性は、実務開始当初の大きな課題です。取引先訪問の際などは、目的地到着までの所要時間の予測が甘く、毎回遅刻してしまったり、作業予定表を作成する際には、通常、万が一途中で何らかのトラブルが発生したときのことも考えて余裕をもったスケジュールを設定するものですが、そうした時間的余裕をいっさい考慮しないため、毎回予定通りに作業が完成することがないなどのケースが考えられます。

　このように、先のことに対して段取りをつけられない原因は「ゴールが見えていない」「タスク整理ができていない」「何から手をつけていいかわからない」ことです。タスクの整理が苦手な人や、作

業の優先順位が判断できない人に対しては、業務を依頼するタイミングで、タスクごとに締め切りを設定したり、だいたいの作業時間を把握し、優先度を明確にして提示することが大切です。

【ゼロベースからの仕事はできない】

　発達障害のある人は、いきなり「これをやって」と仕事を振られると困ってしまいます。やり方がわからないタスクを与えられると混乱するばかりで、対応できない人が多いでしょう。ゼロベースからの仕事は苦手ですが、やり方がわかっている仕事、やり方の説明を受け、見本がある仕事であれば、安心して取り組み、高いパフォーマンスを見せる人もいるでしょう。

【もっと様々な仕事がしたい】

　単調な業務に飽き足らず、もっと様々な業務を任せてほしいと希望する発達障害のある人は少なくありません。このとき、周囲が注意しておきたいことは、発達障害の障害特性として、比較的単純な業務でも時期が重なったり、至急対応しなければならない状況になると、たちまちキャパオーバーになってしまうということです。そのため、振り分ける業務量は少なめにしておくことが必要です。

　なかには類まれなる集中力を持っている人がいて、一時的に力を発揮し、至急の締め切りに間に合うかもしれませんが、過集中の状態は体力的にも負担がかかり、長くは続きません。他の人が3時間かかる仕事を2時間で終えてしまったとしても、同じように3時間分疲れているのです。本人がいくら「もっと仕事をしたい」と言っても、状況を見ながら少しずつ増やしていくのがよいでしょう。

モチベーションの問題

　著者は日頃、様々な発達障害のある人の相談を受ける機会があります。就業中の方の相談としては、将来に対する漠然とした不安や、キャリアの形成、職場でのコミュニケーションに関することが多いです。最も悩ましいのは、仕事にモチベーションを持てなくて困っ

ているという相談です。発達障害のある人全員がそうとは限らず、特性のタイプにもよると思いますが、「単調な作業だと飽きてしまう」「単調な作業が続くとミスが多くなる」という傾向に加え、「モチベーションを持てないとやる気がおきない」「仕事にモチベーションを持つことができず思い悩む」というような相談は少なくありません。

　一般的には、「仕事にモチベーションを持てないと言われても…」という反応になるかと思いますが、それでは真剣に悩んでいる人へのアドバイスにはなりません。もちろん、世間の誰しもが仕事にモチベーションを持って仕事をしているかといえば、大多数はそうではないと思います。働いた時間当たりの報酬を得るためと割り切っている場合も多いのではないでしょうか。

　著者がこれまで発達障害のある人の相談を受けたり、発達障害のある人と接することでわかってきたことは、興味・関心の有無で、仕事に対するやる気の度合いがまったく異なるということです。そこで、発達障害のある人にモチベーションを持って働いてもらうには、どのようにしたらよいか考えてみました。著者個人の経験からの仮説ですが、発達障害のある人の気持ちを考慮し、もう一歩踏み込んで対応してみることがもっとも効果的ではないかと思うのです。

　単純な作業であっても、その仕事がその後の業務にどのように関わるのか、全体の流れを説明し、最終的には業務が完成した全体像まで説明するようにします。導入部分での業務フローと、なぜその作業が必要かの説明が非常に重要と思います。最初に、自分が任された仕事の背景と、その業務が必要とされている理由がわかれば、発達障害のある人はどんなに単調な作業でも真面目に取り組んでいくことができると思います。本人が申し出てくれれば、その都度説明するとおっしゃるご担当者も少なくありませんが、申し出ることは発達障害のある人にとって、定型発達の人の何倍も負荷がかかります。仕事全体の流れを説明して、順序立てて教えてほしいと願うことを、面倒だと思わずに毎回丁寧に対応する効果はとてつもなく大きいものではないかと思います。発達障害のある人がモチベーシ

ョンを持ち続け、仕事に取り組むことで大きなパフォーマンスの発揮が期待できます。発達障害のある人が、モチベーションを持って働き続けられる職場こそが定型発達の人も含めた全従業員にとっての理想の職場と言えるのではないでしょうか？

発達障害のある人の就労と、その支援
——精神障害者雇用支援の視点から

行政機関 障害者雇用促進／就労支援担当 水谷美佳

はじめに

　企業の障害者雇用 [1] は、急速に進んでいます。著者は行政機関に所属し、企業を対象に精神障害者雇用 [2] の促進支援を、発達障害や精神障害のある人を対象に就労支援を行っています。現在、我が国で施行されている "精神障害者雇用支援の体制" というのは、ハローワーク、障害者職業センター、障害者就業・生活支援センター、就労移行支援事業所等が中心となり、地域の障害者支援機関、医療機関、教育機関等が連携し、障害のある人へ就職準備段階から定着支援までトータルで就労支援を行ったりすることと、ハローワークや障害者職業センター等が中心となって、企業に対して精神障害者雇用促進のためのサポートや指導を行うことが一般的です。このコラムでは、著者が携わる精神障害者雇用支援の現場から、発達障害のある人の就労を取り巻く状況についてお伝えしたいと思います。

1）障害者雇用における障害者とは、原則、障害者手帳（身体・精神・療育）を所持している方です。
2）精神障害者雇用の精神障害者には、精神障害者保健福祉手帳を所持する発達障害のある人も含まれます。

発達障害のある人の就労を取り巻く現状

　法定雇用率の引き上げ、企業の CSR やコンプライアンス、障害のある人の働く意欲の高まり、制度等の充実と就労支援機関の増加、身体障害者の高齢化など様々な理由により、発達障害や精神障害のある人の雇用が増加しています。近年、首都圏では、定型発達の人の採用状況と同じく、障害者雇用の現場でも売り手市場の傾向が見られるようになってきました。

◎企業の精神障害者雇用の現状

　企業の発達障害への関心や理解は、この数年間で急速に深まっているように思います。著者自身、発達障害に関する研修等を企業で行う機会も年々増えています。また、この 2〜3 年の間に、採用の仕方や雇用管理のコツをつかみ、発達障害のある人を複数人雇用している企業も増えてき

ました。企業の発達障害のある人への期待は、どんどん大きくなっていると言えるでしょう。

　ハローワーク等の障害者求人を見ても、賃金には上昇の兆しが見られますし、労働条件や業務内容等に柔軟性のあるものやキャリアアップの可能性がある求人がとても増えてきました。以前と比べると、発達障害のある人の雇用環境はよくなってきていると言えます。

表1 ● 精神障害者雇用が進んでいる企業の特徴

☑ トップの理解とサポートがある
☑ 全社的なプロジェクトとして取り組んでいる
☑ 社員に向けた障害者理解の教育や啓発活動に積極的＊
☑ 就労支援機関、制度（ジョブコーチ、助成金等）を上手く活用
☑ 他社の障害者雇用や配慮事項事例（失敗事例含）の収集に積極的
☑ 採用時や雇用中に一人ひとりの特性や適性、必要な配慮事項等の把握に積極的
☑ 業務や環境変化に柔軟性のある職場、相談しやすい雰囲気
☑ 必要な合理的配慮は提供するが、障害者をお客様扱いや特別扱いせず、社員の一人として対応

＊ハローワークや障害者職業センターに依頼すれば、社員向け啓発セミナーや研修等を無料で
　行ってくれます（ただし、日程・内容・参加人数等に条件や制限がある場合があります）。

　一方で、最近では、発達障害への関心等が進んできたからこそと思われる弊害も見られるようになってきました。「発達障害のある人は、○○な人だ」というように十把一絡げにしてしまい、採用時に"一人ひとり"の特性やビジネススキル、具体的な配慮事項等の確認が不十分だったために、採用後、業務内容との間にミスマッチが生じたり、雇用管理が上手くいかなかったりというようなケースです。その他、当事者を特別扱いしすぎて、本人のモチベーションや帰属意識を下げてしまい、他の社員やパートとの軋轢を生みだしてしまった企業もあります。

　精神障害者雇用が進まない企業担当者の困りごとは、以下の通りです。この項目は、ここ数年間あまり変わっていません。

①職務の切り出しができない。適した仕事がない
②いい人が採用できない、すぐに辞めてしまう
③トップの理解がない
④社員の理解がない（総論 OK、各論 NG）

このような場合には、管轄のハローワークや、地域の障害者職業センター等へ相談しましょう。

◎障害者雇用で働いている発達障害のある人

　先ほども述べた通り、就労中の発達障害のある人は、増加し続けています。個々の状況については、定型発達の人と同様に様々です。発達障害のある人のなかには体調や対人関係等が不安定な人がいますが、そうした障害特性に対する正しい理解が得られず、"職場定着"が課題になっている人もいれば、問題なく順調で、勤続年数も長くなってきたことから、"スキルアップ"や"キャリアアップ"を目指している人もいます。

表2 ● 就労が上手くいっている発達障害のある人の傾向

☑ 自分の障害特性やビジネススキル等について理解している
☑ 就労支援機関や教育機関、福祉施設、医療機関等とつながっている。支援者がいる
☑ 採用時に、業務を遂行するために必要な配慮事項をわかりやすく具体的に企業に伝えられる
☑ 困ったことやわからないことなどがあれば、適切な相手に"相談"ができる
☑ 就労意欲が高い。やりがいや成長を実感している

「就労移行支援事業所」活用のススメ

　近年、発達障害のある人のための就労支援機関や国の施策、制度等も充実してきました。そのぶん、「支援機関や制度、サービス等が多く、その違いや利用の仕方がわかりにくい」という声を企業や当事者だけでなく、専門家である支援者から聞くこともあるため、急速な支援策の増加に課題がないとは言えないのですが、企業や障害のある人が活用できる社会資源の数が増えるのはとてもよいことだと思います。

　ハローワークや障害者職業センターとともに、企業や発達障害のある人にとって、この数年間でぐっと身近な存在となった就労支援機関が「就労移行支援事業所」です。就労移行支援事業所は、障害のある人を対象に、就労準備訓練や就職支援等を行う福祉サービスですが、施設利用者の就職時や就職後は、企業に対してもサポートを行います（サポート期間やサービス内容等は要確認）。

　企業は、障害者雇用の採用時はもちろん、採用後の雇用管理にも就労移

行支援事業所を活用するとよいでしょう（企業が利用できる支援機関や制度は、他にもあります。p.148参照）。

　著者の知る企業の多くが、採用面接時の支援者の同行を歓迎し、採用後、雇用管理上何か困ったことがあれば、すぐに支援者と連絡をとり、職場での能力発揮や就労継続につなげています。

表3 ● 障害者雇用の現場で求められていると感じている能力・スキル

発達障害のある人が職場で活躍するために、今、障害者雇用の現場で、それぞれに求められていると感じること、能力・スキル等		
企業・職場	・障害や障害者への正しい理解 ・多様な社員に対するマネジメントスキル ・障害のある人を「育成する」という考え方 ・温かく思いやりのある相談しやすい職場環境作り ・障害者支援機関、制度等の活用	適切な合理的配慮提供のためには、＜企業＞は、障害者に対して適正な雇用管理を行い、＜当事者＞は企業に対して配慮事項を具体的に、わかりやすく伝える必要があります。
当事者	・自己理解 ・自己管理能力（生活、体調、感情、時間、お金等） ・相談するスキル ＊支援者、主治医、家族、地域、職場等のサポートがあってOK	＜支援者＞は、その間で客観的な視点に立ち、必要に応じて、その配慮事項の合理性や必要性を当事者とともに企業に伝えたり、当事者が求める配慮事項が、企業にとって過重な負担とならないかを見極めたり、調整したりする役割があります。
障害者支援機関・支援者	・障害者視点とともに企業側の視点や経営的視点の理解 ・他機関、他職種との連携力 ・アセスメントスキル ・マッチングスキル ・課題発見スキルと課題解決スキル ・論理的に、かつわかりやすく説明する力	

最終的には、企業と当事者との二者でのやり取りを目指しますが、“外見からわかりにくい”、“個人差が大きい”発達障害のある人が職場で活躍するためには、【企業－当事者－支援者】の連携、相互理解や歩み寄り、協働による合意形成が重要なポイントになります。

　また、以前ほどではありませんが、企業担当者から「○○さんの“支援者”が、こちら（企業）の事情を理解してくれず困っている」という声を聞くことがあります。このような相談に対して、企業支援を行う行政機関では助言や必要に応じて介入等を行いますが、障害者雇用分野においての支援者は、当事者の支援者であると同時に、企業への支援者（専門家）であることも強く求められます。

　支援者の企業理解や職場への的確なサポートが、結果的には、発達障害のある人を含む障害のある人たちの職場での活躍（企業での戦力化）や、

本人や周囲の安心につながることは言うまでもありません。

おわりに

　我が国はこれからも精神障害者雇用促進のために様々な施策を打ち出し、発達障害のある人に対する企業の期待や、働く発達障害のある人の数は、ますます増大していくと思われます。

　一方で、働く意欲や能力があるにもかかわらず、企業の理解不足や本人の自己理解不足、または、適切なサポートが提供されていないなどの理由で、能力を発揮できずにいたり、仕事にやりがいや喜びを感じられない発達障害のある人も多くいます。

　精神障害者雇用が促進し、発達障害のある人がいきいきと活躍できる社会の実現のために先立って必要なことは、社会資源の最大限の活用と、"企業－当事者－支援者"の相互理解と協働だと感じています。

第 **2** 章

発達障害の特性と合理的配慮
—— 医療の観点から

合理的配慮の対象

　第5章（p.158）でも概説していますが「障害者差別解消法」は、国、都道府県、市町村区などの役所および会社や店舗などの事業所が、障害のある人に対して障害を理由に差別することを禁止した法律です。同時に、障害のある人が生活しづらいと感じる社会のバリアを取り除くために、何らかの対応が必要だという意思が伝えられた際には、著しい負担のない範囲で対応すること（合理的配慮）が求められています。

　この法律の対象となる合理的配慮が必要な障害のある人には、障害者手帳を有する人だけでなく、いわゆる三障害（身体障害、知的障害、精神障害）のある人や、それ以外にも難病などにより心身の機能に障害をもち、日常生活活動や社会参加に相当な制限を受けている人、すべてが含まれます。

　三障害の定義は、それぞれが関係する法律により規定されています。それ以外の障害に一律の定義があるわけではありません。そこで、まずは定義化されている障害について概観し、その後で、それ以外の障害について簡単に触れたいと思います。

障害者の定義

　そもそも「障害者基本法」の第2条において、障害者とは、「身体障害、知的障害、精神障害（発達障害を含む。）その他の心身の機能の障害がある者であつて、障害及び社会的障壁により継続的に日常生活又は社会生活に相当な制限を受ける状態にあるものをいう」と定義されています。

【身体障害】

　身体障害者とは、身体障害者福祉法において、「身体上の障害がある十八歳以上の者であつて、都道府県知事から身体障害者手帳の

交付を受けたものをいう」と定義されています。この定義に則れば、身体に障害があったとしても、身体障害者手帳の申請をしていない、もしくは、申請したとしても交付されなかった場合は、身体障害者とは呼ばれないことに（法律上は）なります。

【知的障害】

　知的障害のある人の医学的定義は以下の通りです。

　　医学領域の精神遅滞と同じものを指し、「知的発達の障害」を表します。すなわち「1. 全般的な知的機能が同年齢の子どもと比べて明らかに遅滞し」「2. 適応機能の明らかな制限が」「3. 18歳未満に生じる」と定義されるものです。中枢神経系の機能に影響を与える様々な病態で生じうるので「疾患群」とも言えます。（中略）

　　知的機能は知能検査によって測られ、知能指数（IQ）70以下を低下と判断します。知能指数の値によって、軽度・中等度・重度と分類されることもあります。重い運動障害を伴った重度知的障害を重症心身障害と（診断名ではありませんが）表記することもあります。

　　適応機能とは、日常生活でその人に期待される要求に対していかに効率よく適切に対処し、自立しているのかを表す機能のことです。たとえば食事の準備・対人関係・お金の管理などを含むもので、年長となって社会生活を営むために重要な要素となるものです。

出典：e-ヘルスネット https://www.e-healthnet.mhlw.go.jp/information/heart/k-04-004.html
一部筆者改変

　これまでは、世界保健機関（WHO）が作成した「疾病及び関連保健問題の国際統計分類の第10回改訂版（International Statistical Classification of Diseases and Related Health Problems 10th edition; ICD-10)」の知的障害（精神遅滞：F70-F79）の重症度に基づき、

主に知能検査の値から知的障害の程度を判断し、軽度より重い知的障害がある人には都道府県から療育手帳が交付されていました。しかし、知的能力と日常生活における活動能力が必ずしも一致（比例）するわけではないこと、ICD-10は臨床診断よりも統計分類のために作成されたものであること、米国精神医学会（American Psychiatric Association; APA）が作成した「精神疾患の分類と診断の手引き（Diagnostic and Statistical Manual of Mental Disorders, 5th edition; DSM-5）」において、知能検査の値だけでなく「概念領域・社会領域・実用的領域」における知的機能と適応機能の両面から軽度、中等度、重度、最重度に分類されたこと（表2-1）、などから単に知能指数のみではなく、必要とする援助の内容により知的障害の重症度を分類する方向に変化してきています。

表2-1 ● DSM-5における知的障害重症度の目安

障害の程度	IQ・DQ の目安	生活の状態
最重度	IQ20 未満	生活全般に常時援助が必要
重度	IQ35 未満	日常生活に常時援助が必要
中等度	IQ50 未満	日常生活に援助が必要
軽度	IQ70 未満 （IQ75 未満）	日常生活はできる

DQ：発達指数（発達年齢と生活年齢との比率：年齢相応に発達が進んでいれば 100）

したがって、知的障害のある人への対応は、単に知能検査の値で判断するのではなく、当事者の知的機能と適応機能がどの程度かを個別に確認する必要があります。特に、成人後は療育手帳の更新を必要としない自治体もありますので、場合によっては、療育手帳に記載された重症度だけで判断しないよう注意する必要があります。

【精神障害】
　精神疾患の場合には、前述のICD-10もしくはDSM-5がその診断基準となります。
　ICDは、異なる国や地域から、異なる時点で集計された死亡や

疾病のデータの体系的な記録、分析、解釈および比較を行うため、WHO憲章に基づきWHOが作成した分類です。最新の分類は、ICDの第10回目の改訂版として「ICD-10」（1990年版）と呼ばれています。

　我が国では、その後のWHOによるICD-10の改正勧告であるICD-10（2013年版）に準拠した「疾病、傷害および死因の統計分類」が作成され、統計法に基づく統計調査に使用されるほか、医学的分類として医療機関における診療録の管理等に活用されています。精神疾患は、「第Ｖ章　精神および行動の障害（F00-F99）」として分類されていますが、臨床現場では派生分類である「ICD-10　精神および行動の障害：臨床記述と診断ガイドライン（改訂版）」が用いられています。

　一方、DSMは当初精神障害の統計調査のためAPAが作成したものですが、第3版より明確な診断基準が設けられ、現在は2013年に出版された第5版（DSM-5）が用いられています。精神障害の診断、治療、そして臨床医や研究者等の共通言語として、今や世界中で用いられています。

　両者の診断基準は、自覚症状の有無と除外項目の有無から構成されているため、時に自覚症状の有無のみで診断されているのではないかと思われる場合も見受けられます。この場合、本来であれば診断されなくてよい人が診断される（過剰診断）可能性、反対に診断されるべき人が診断されない（過小診断）可能性を否定できません。

　この状況は発達障害においても同様であり、本来受けられる治療やサービスを提供されていない場合、または受ける必要のない治療やサービスが提供されてしまっている場合、の両者が認められます。また、ICD-10、DSM-5ともに記載されている発達障害の診断基準が概念的であるため、その解釈が治療者や担当者により異なるということが起こり得ます。そのため、非常に似た状況に置かれている当事者が医療機関や支援センターによって、異なる扱いを受けてしまう場合もあり得ます。

　次に精神障害者の定義を見てみましょう。精神障害者とは、「精

神保健及び精神障害者福祉に関する法律」において「統合失調症、精神作用物質による急性中毒又はその依存症、知的障害、精神病質その他の精神疾患を有する者」と定義されています。また、「障害者基本法」においては、既述のように「継続的に日常生活又は社会生活に相当な制限を受ける状態にあるもの」と定義されています。

前者が医学的に診断された時点で障害者と判断されるのに対し、後者は診断されてもすぐに障害者にならない点が大きく異なります。単純化すれば、「精神疾患＝精神障害」と見なすか、「必ずしも『精神疾患＝精神障害』ではない」と見なすかの違いですが、本人や家族が診断を受け入れるか否かは今もって大きな問題であり、とても重要なことです。

診断を受け入れたとしても「精神障害者保健福祉手帳」を取得するか否か、つまり本人や家族が精神障害というレッテルを貼られることを受け入れるか否かも大きな問題です。近年は障害者雇用における精神障害者への期待が高まっており、業務内容の問題はさておき、大企業が積極的に障害者雇用に乗り出しています。そのため、就労意欲がある人にとっては、障害者手帳の交付を受けるか否か大きな悩みになっています。なお、発達障害は精神障害の１つですから、前述の知的障害の有無もしくは程度により、「療育手帳」か「精神障害者保健福祉手帳」を取得することになります。

「精神障害者保健福祉手帳」では、次の２つの条件を満たせば、すべての精神疾患が手帳の申請・交付の対象となり、所定のサービスを受けることができます。

①初めて精神科・心療内科で診断を受けたときから６ヶ月以上経過している
②現在も生活への支障が続いているという主治医による判断がある

ただし、受けられるサービスには、全国一律に受けられるものと、地域や事業所により異なるものがあります。受けられるサービスについては、当事者が住む市区町村やサービスを提供している事業所で確認する必要があります。

なお「障害年金」における精神障害は、「統合失調症、統合失調症型障害及び妄想性障害」「気分（感情）障害」「症状性を含む器質

性精神障害」「てんかん」「知的障害」「発達障害」に区分されています。また、「症状性を含む器質性精神障害、てんかんであって、妄想、幻覚等のあるもの」については、「統合失調症、統合失調症型障害及び妄想性障害並びに気分（感情）障害」に準じて取り扱われます。

【発達障害】

● 発達障害の定義

　発達障害は、ICD-10 や DSM-5 においても精神疾患の1つとして分類されていますが、「障害者基本法」において精神障害にカッコ書きで付け足されていること（既述）、最近の発達障害ブームおよび本書の趣旨を考え、ここでは独立して扱います。

　発達障害とは、「発達障害者支援法」（2005年施行）において次のように定義されています。

　第一章　総則（定義）
　第二条　この法律において「発達障害」とは、自閉症、アスペルガー症候群その他の広汎性発達障害、学習障害、注意欠陥多動性障害その他これに類する脳機能の障害であってその症状が通常低年齢において発現するものとして政令で定めるものをいう。
　2　この法律において「発達障害者」とは、発達障害がある者であって発達障害及び社会的障壁により日常生活又は社会生活に制限を受けるものをいい、「発達障害児」とは、発達障害者のうち十八歳未満のものをいう。
　4　この法律において「発達支援」とは、発達障害者に対し、その心理機能の適正な発達を支援し、及び円滑な社会生活を促進するため行う個々の発達障害者の特性に対応した医療的、福祉的及び教育的援助をいう。

　この定義は我が国における基準になっていますが、ICD-10 および

DSM-5の前身であるDSM-Ⅳ-trにおける発達障害の分類に従っており、現在、精神疾患の診断基準として使用されているDSM-5の分類（診断名）と整合性がとれなくなっています（図2-1）。

図2-1 ● 主な発達障害の分類

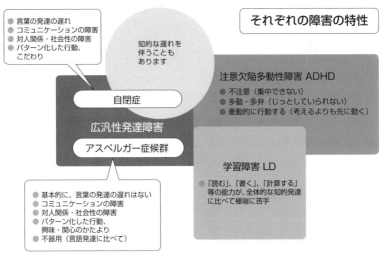

出典：厚生労働省作成パンフレット「発達障害の理解のために」
https://www.mhlw.go.jp/bunya/shougaihoken/hattatsu/dl/01.pdf

　簡単に内容に触れると、ICD-10では「心理的発達の障害」と「小児期及び青年期に通常発症する行動および情緒の障害」と別項目になっていたものが、DSM-5では「神経発達症群」として1項目にまとめられました。知的障害もICD-10では「精神遅滞」という項目でしたが、DSM-5では「知的能力障害群」として「神経発達症群」に入れられています。さらに、ICD-10では広汎性発達障害に複数の下位分類がありましたが、DSM-5では自閉スペクトラム症として一括りにされました。それ以外にも、ICD-10で「小児期及び青年期に通常発症する行動および情緒の障害」に分類されていた項目が、DSM-5では「神経発達症群」以外の精神障害に分類されています。

　なお2018年6月にWHOからICD-11が発表され、この改定で

DSM-5 と ICD-10 との整合性が取れ、今後 ICD-11 の日本語版が完成した際には、法律による定義は変更されると想定しています。

● **発達障害の主な3タイプ**

発達障害には種々の疾患が含まれます。そのなかでも、① ASD（自閉スペクトラム症、アスペルガー症候群・その他の広汎性発達障害）、② LD（学習障害）、③ ADHD（注意欠陥／多動性障害［注意欠如・多動症］）の3つが多数を占めています。

図 2-2 ● 主な発達障害の概念図

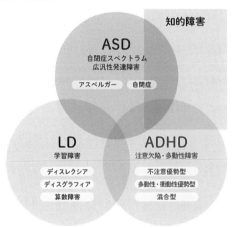

出典：LITALICO 発達ナビ
https://h-navi.jp/column/article/35027050

また、発達障害として定義されている疾患を有していても、日常生活活動や社会参加に支障（制限）がなければ、発達障害とはみなされません。これは前述（p.36）の「必ずしも『精神疾患 = 精神障害』ではない」という考え方に基づいていると言えます。

その一方で、日常生活活動や社会参加に支障（制限）があっても、ICD-10 や DSM-5 の診断基準を満たさないために発達障害とは診断されない方がいることも事実です。これは、精神医学においてサブクリニカル（またはグレーゾーン、診断閾下）と呼ばれる問題で

す。このような人は一般雇用で就労していますが、定型発達の人と一緒に働くには、その特性が故に多くの困難を抱えてしまいます。しかし、現行の制度下では発達障害と診断された人が受けられる支援等は受けられず、かつ障害者雇用ではないため、他の一般雇用者と同等の業務遂行能力を余儀なく求められ、苦しんでいるのが現状です。職場の人的資源に余裕があった時代には、上司や同僚が気を遣いカバーできていた部分もありましたが、今やあらゆる職場において、人的にも時間的にも余裕がなく、十分に対応ができず本人同様に悩んでいるのが現状です。この点については、第1章、第5章で述べられている発達障害のある人の障害特性を理解することが役に立つと思います。

難病の定義

　「障害者差別解消法」において、合理的配慮の対象として難病が含まれているため、本論の主旨とは少しずれますが、簡単に解説しておきます。

　2015年に施行された「難病の患者に対する医療等に関する法律」によれば、難病とは「発病の機構が明らかでなく、かつ、治療方法が確立していない希少な疾病であって、当該疾病にかかることにより長期間にわたり療養を必要とすることとなるもの」と定義されています。

　この法律のなかで、医療費助成の対象となる疾患は指定難病と呼ばれ、上記（定義の4条件）に加え、「患者数が本邦において一定の人数（人口の約0.1％程度）に達しない」、「客観的な診断基準（またはそれに準ずるもの）が成立している」という2つの条件が加わります。すなわち、指定難病は、難病のなかでも患者数が一定数を超えず、しかも客観的な診断基準が揃っている、（さらに重症度分類で一定程度以上である）ことが追加要件として必要です。2019年7月時点で（障害者総合支援法の対象となる）指定難病は361疾病となり、今後も指定難病検討委員会の検討により指定難病が追加されていくと予想されます。

難病を有する人の多くに重い症状があり、生命の危機に瀕していると言っても過言ではありません。そのため、日常生活活動や社会参加のためには、相応の対応が必要となります。ただし、医学・薬学等の進歩により、難病であっても症状が軽減し、生命の危険から脱し、普段通りの生活が可能となっている人もいます。そのような疾患については、将来的に難病のリストからは外されていく可能性がありますが、完治（もしくは軽快）しても十分に生活できるか否かは個々に判断していく必要があると思います。

　難病についての詳しい解説等は、難病情報センターの Web サイト（https://www.nanbyou.or.jp/）をご活用ください。なお、難病という考え方は我が国独自のものですので、日本語以外の言葉に訳した場合、同じ概念が当てはまるわけではないことは知っておくと良いと思います。

▶ 合理的配慮提供の前に

　ここからは合理的配慮提供の際の注意事項について、医学的視点から述べていきたいと思います。

障害（のある人）への取り組み

　現在、障害の有無に関わらず、すべての人の「健康」に関する指標は「国際生活機能分類（国際障害分類改訂版）」によるものとされています。国際生活機能分類は 2001 年、WHO により提唱されました。

　これにより、障害は個人に帰属するものではなく、当事者と社会環境との間に作り出されるもの（＝「社会モデル」）と考えられています。もちろん、完治可能な傷病により一時的な障害が生じている場合には、傷病の治療を行うことで障害がなくなり、通常の日常生活活動や社会参加へと戻ることが可能です（＝「医学モデル」）。

しかし、完治できない傷病（難病も含む）により永久的な障害が生じた場合、傷病の治療には限界があります。そのため、治療以外の方法で日常生活の活動度を上げ、社会参加へと繋げる必要があります。これが「社会モデル」に基づいた取り組みです。詳しい内容は既刊『産業医と発達障害の人のキャリア＆ライフ BOOK』（弘文堂, 2015）に記載していますのでそちらを参照してください。

　このような取り組みにより、永久に変化しないと思っていた障害が徐々に変化し改善する場合があります。以前は、障害された機能（特に身体機能）は半年から１年の間に回復しなければ一生回復することなく固定し、そしてその障害（機能）は永久に変化しない（症状固定）という考え方が一般的でした。これは「医学モデル」のみに頼っていたためとも言えます。障害の取り組みに対する考え方を変え「社会モデル」に則った実践により、諦めていた機能が少しでも改善（変化）することは、何よりも本人にとって嬉しいことですし、今までの常識が覆されるのは素晴らしいことです。こうした考え方が、今回法制化された合理的配慮の根底にあると知っておくべきです。

　ただし、障害があることで、サービスや金品等で優遇される権利を有すると考える人の場合、その権利を失いたくないと、社会モデルに則った実践を拒む当事者がいることも事実です。こうした視点では、日常生活活動や社会参加を可能にするために、障害の解消や軽減に取り組むことを必ずしも好ましいこととは捉えません。この場合、本人に取り組む能力があるにもかかわらず、意識的もしくは無意識的に取り組みを拒み、いつまで経っても日常生活活動や社会参加へと向かわないという状況が生まれます。これは疾病利得（既刊『産業医と発達障害の人のキャリア＆ライフ BOOK』参照）の１つであり、特に保険や年金等の金銭が関わってくる場合に多く見受けられます。支援者側からすると、能力があるのに行わないのか、それとも能力が伴わないから行えないのか、判別は大変難しくなります。これは世界中どこでも見られることで、英語でも"can not"なのか"will not"なのかの問題とも言われています。

もちろん、当事者がいくら頑張っても能力的に難しい場合も多々ありますので、そういうときに無理やり取り組ませることは、結果として心に傷を負わせてしまうことになりかねません。しかし、社会的障壁に当事者が取り組むことに関して、能力的に難しくはないけれども本人に不安や恐怖がある場合や、権利を失ってしまうことに抵抗がある場合には、なぜそのように捉えてしまうのかを深く探っていくことで、本人を今までとは違う方向に導くことも可能かもしれません。

　障害のあるなしに関わらず、誰でも今までと違う環境に足を踏み入れるときには不安や恐怖が伴います。しかし、一歩踏み込んでみると杞憂だったことに気づかされます。障害のある人のなかには、それまでの人生でつらく嫌な思いをし、自己肯定感が低くなってしまっている人が少なくなく、どんなこともネガティブに捉えがちです。

　この状態を振り子に例えれば、マイナス側に大きく振り切ってしまっている状態です。そこからいきなりプラス側に振り切るような取り組みは好ましくありません。マイナスに振り切っている振り子を、まずは少しでもゼロ点に近づけるよう徐々に取り組みを開始することが重要です。振り子の位置が少しでも変われば、本人の見え方も変わり、さらに変えてみようという意欲が出てくるものです。支援者側には、そのような小さな変化が起きるまでじっくりと待ち、見守る姿勢が必要です。また、そうした変化が現れるまで、本人が飽きて止めてしまわないように辛抱強く支援することも大切です。

障害や難病と心の傷

　障害のある人のなかには特性により、定型発達の人が当然のようにできることができないために周囲から理解されず、小さい頃からいじめや差別にあってきた人が少なくありません。なかには、不登校や引きこもりを経験し、進学・就職・結婚など人生の転機につらい思いをしてきた方もいることでしょう。また、難病などの傷病により、通常、定型発達の人が経験するライフ・イベントを通過でき

ず、とても悲しく悔しい思いをしてきた方も多いと思います。

　そのような過程で、障害のある人の心は大きく傷ついている場合が多く、その傷は色あせることはあっても消えることはなく、いつまでも心の奥底にとどまり続けます。障害のある人が抱える内面のつらさは、他者から見えるものではありません。また、そのようなつらさを表に出さず、我慢して頑張っている当事者もたくさんいます。

　支援者のみなさんは、障害のある人がこうした状況にいる可能性を常に心に置いておくことが肝要と思います。

▶ "合理的" な配慮とは

　合理的配慮というと、「障害者差別解消法」に謳われている対象者への配慮が中心と考えられますが、周囲で支援する人も含め当事者に関係しているすべての人にとっても "合理的" な配慮でなくてはなりません。例えば、障害のある人が組織に加わったことで、周囲のスタッフの作業スペースや作業配分が大きく乱れてしまう事例を時に目にします。当事者に配慮するあまり、それ以外の人が大きな負担を抱えてしまうようでは、本当の合理的配慮とは言えないと思います。"合理的" という言葉の意味は、"無理なくできる範囲で"と解釈してもいいでしょう。

　ただし、障害のある人が組織に加わるのを機に、作業方法や作業環境を見直したところ、定型発達のスタッフを含めたその他の従業員の作業もやりやすくなったという状況も多々見受けられます。面倒だから、時間がないからと、頭のなかで考えているだけではなく、やってみる手間と勇気、やってみてダメだったら元に戻す、もしくは他の方法を考える柔軟性を持ち、社員全体で合理的配慮に取り組むことが理想的です。

発達障害の理解

　発達障害は精神障害の1つですから、精神障害のある人への配慮と基本的には変わりません。この点は、発達障害のある人を支援するすべての方に認識していただく必要があると思います。ただし、発達障害の特性を考慮した配慮や、高機能発達障害のある人への配慮には、それなりの工夫が必要になります。

規則的な日常生活の確認

【睡眠】

　日常生活が規則的に送れているか否かは、心身の状態が整っているかどうかを知るうえで重要です。そのなかでも睡眠が最も大切で、量質ともに十分な睡眠がとれているかの確認が必要です。その際、睡眠導入薬もしくは眠気を催す代替となる薬剤（向精神薬だけでなく、抗アレルギー薬等の場合もあります）を使用しているかどうかを必ず確認してください。

　発達障害のある人は睡眠障害を合併しやすいため、頓用も含めると服薬している人が多いと思います。症状が軽くなり薬を変更したときなどには副作用が出る可能性があり、そのような本人の変化に周囲が気付くためにも、服薬内容や代表的な副作用等の情報共有は非常に大切なことです。

　また、睡眠に悪影響を及ぼす習慣（飲酒、カフェイン摂取など）や、疾患（糖尿病や疼痛による頻尿など）の有無も確認することが大切です。発達障害のある人は、感覚過敏（主に視覚、聴覚、触覚）のために睡眠が十分にとれていないことがあります。また、睡眠のために本人がどんな工夫をしているか確認することも大切です。寝具を変えただけで睡眠の量や質が良くなる場合もあります。単に睡眠習慣が乱れているからといって、うつ病・不眠症だと決めつけないように注意しましょう。

【食事】

　睡眠の次に大切なのが食欲（食事）です。人により食事の回数は

異なるため、毎日3食しっかりとれているか否かではなく、その人にとって質量ともに十分とれているかが大切です。食事の質も量も個人差があるので、その人の標準がどのくらいかをしっかり確認しましょう。

　体調が悪いと空腹感がなく、味もあまり感じません。一方、お腹が減っているわけではないのにたくさん食べてしまう（それも夜中に）ことに悩んでいる人もいます。ストレスは食欲を亢進もしくは減退させます。急に食欲が変化したようなときには、何か身の回りでストレスになっているようなことがないか確認することが大切です。発達障害のある人は、定型発達の人が気にしない些細なことが大きなストレスになっている場合がありますので、本人としっかり向き合い、不安を抱えていないかどうか話を聞くようにします。また向精神薬のなかには食欲を亢進させるものと減退させるものがありますので、睡眠と同様に服薬状況や内容に注意しましょう。

　食欲を確認すると同時に、体重の増減の有無を聞いてみることも大切です。体重がわからない場合には、最近衣服やベルトがきつくなったか緩くなったかを確認するといいでしょう。体重の増減、そして身体を動かしているかどうかの参考になります。また、発達障害のある人は、味覚や嗅覚の特性から特定の食物を好んだり、嫌ったりすることがあるため、好き嫌いを聞くことも大切です。毎日の食事に栄養の偏りがある場合には、注意が必要です。

【性欲・身だしなみ】

　次に大切なのは性欲です。心身の状態は性欲に影響します。疾患や向精神薬だけでなく、喫煙などの影響により性欲が減退することが知られていますし、逆に疾患や薬物によっては性欲が亢進し過ぎることもあります。ただ、我が国でこの質問をすることは互いの関係性が確立していないと難しいと思いますので、著者の場合は入浴の可否を確認するようにしています。入浴の習慣も人により異なりますが、昔に比べると毎日入浴する方が増えているので、毎日か何日おきかだけでも確認すべきです。発達障害を含む精神疾患のある

人は儀式的な入浴を行う場合もあるので、入浴の質問は大切だと覚えておきましょう。この際、体臭や身だしなみにも注意を払ってください。入浴をしないと季節によっては体臭が強くなりますので、入浴だけでなく整容（洗顔、歯磨きなど）の状況を質問するきっかけにもなります。また、服装も含め身だしなみが乱れている場合には、下着も長い間変えていない場合もあります。発達障害のある人は、その特性故に自分が気になる所と気にならない所の差が大きく、体臭や身だしなみを全く気にしない人をよく見かけます。あまりに周囲から敬遠される状況が認められたときには、本人を傷つけることなく改善を促すことも大切です。

【嗜好品】

　嗜好も日常生活には欠かせません。飲酒と喫煙は健康に大きく影響する嗜好品のため、本人にその有無を必ず確認するようにしましょう。飲酒量と飲酒内容、週に何回摂取するかを確認し、あまりに度が過ぎている場合には依存症の危険があるため注意が必要です。

　喫煙は一日の本数と喫煙年数を確認しますが、最近は電子タバコなどが登場していますので、どんな種類の物を喫煙しているかも確認してください。学校はもちろんですが、職場でも禁煙の場所が増えているので、就職したい、就業を続けたい場合には、喫煙習慣を是正することも必要と思います。

　また、ギャンブルやオンライン・ゲーム、カフェイン飲料、甘い物、脂っこい物、宗教など依存性のある趣向についても確認しておくと、就業への影響の有無を検討するうえで役立ちます。特に、最近はインターネットやオンライン・ゲームをきっかけに、引きこもってしまう人も少なくありません。極端な例かもしれませんが、趣味として工芸や研究などに打ち込むあまり、眠気を吹き飛ばすため煙草を何十本も吸ったり、コーヒーを何十杯も飲んだりするようになり、最終的に体調を大きく崩してしまう人もいます。

　また、インターネットやゲームに深夜や朝方まで熱中し過ぎてしまい、昼夜逆転の生活になると睡眠障害が生じ、昼間の仕事に遅刻

するようになる、ひどい場合には仕事に行けなくなり、仕事が継続できなくなることも稀ではありません。趣味趣向も心身への影響の大きい重要な因子として認識すべきです。

　趣味の有無は、実はとても大切です。趣味がない人は、休日などどう過ごしていいかわからず、ただ無駄に時間をやり過ごすだけの場合が多いように思います。一方で、多趣味故に時間を浪費してしまう、もしくは１つの趣味に熱中するあまり時間を忘れてしまう人もいて、就業に影響を及ぼす場合もあります。趣味は人に強制されて行うものではないとは思いますが、自分が好きなことに取り組むことで、仕事や人間関係のストレスを忘れ、気分を一新することができます。人により好みは違うため、趣味に良い悪いはありません。趣味があるかないか、ある場合にはどんな趣味か、必ず確認するようにしましょう。

【生活リズム】

　生活リズムは人により異なります。朝早い方がいいのか、夜遅い方がいいのか。朝食（昼食、夕食）を食べた方がいいのか、食べない方がいいのか。朝入浴した方がいいのか、寝る前に入浴した方がいいのか、など。杓子定規に理想と言われている生活リズムを押しつけるのではなく、その人のリズムに合った生活リズムを探して可能な限り合わせるようにしましょう。

　現在は企業の就業形態も様々です。例えば工場でも、昼夜の交替勤務もあれば、深夜帯だけの勤務もあります。勤務時間が常に一定の業務もあれば、自分もしくは顧客に合わせ変化する業務もあります。同じ業種でも様々な勤務形態が導入されていますので、当事者の生活リズムに合わせた就業形態を提案できるような体制づくりに取り組むことも必要です。

医療機関への定期的な通院

　発達障害を含む精神疾患のある人に限らず、障害や難病を抱えつつ、医療機関を定期的に受診している人は多いと思います。薬物療

法、リハビリテーション、精神（心理）療法などの治療を受けている人もいれば、単に病状や状況を確認するためだけに受診している場合もあります。いずれにしても、当事者から受診希望の申し出があったときは、就業で受診できない状況は避けるべきです。企業側で時間を調整するだけでなく、診療時間の変更を求めるなど、医療機関にも協力を要請しましょう。発達障害のある人は、発達障害そのものへの治療以外に、うつ病など二次障害の治療のために医療機関を受診している場合がありますので、定期的な通院が必要であれば必ず受診できるよう配慮してあげてください。

　また、職場で服薬などの処置が必要なとき、他者に見られるといじめや偏見を受けるかもしれないので、絶対に見られたくないという人も多くいます。当事者のみなさんが安心して服薬や処置を受けるための場所づくりや、そのための時間の確保にも配慮が必要です。

自助グループや支援団体への定期的な参加

　定型発達の人にはあまり馴染みがないかもしれませんが、全国にはいろいろな疾病や障害を支援する団体（組織）がたくさんあります。このような場所への参加は、本人の意思に任されています。当然参加を嫌う人もいますが、1回参加してみると居心地が良いとか、いろいろと参考になる意見や情報が聞ける、などの理由で定期的に参加する人も少なくありません。当事者やその関係者にとって、居場所となるところが増えるのはとても大切なことです。

　先述したように、心に大きな傷を抱えている障害や難病を有する方はたくさんいます。当事者から、こうした場への参加希望があった場合には、就業規則の変更は難しいと思いますので、主治医からの意見書（または診断書への記載）を求める、産業医や産業保健スタッフとの意見交換の場を設ける、など就業中であっても気兼ねなく参加できる機会を確保できるような対応や配慮をお願いできればと思います。

生活スキルへのサポート

就業に際し、最も重要になるのは体力です。通勤はもちろん、職場で机に座っているだけでも（自分が感じている以上の）体力を消耗しています。就業継続のためには、注意力、集中力、記憶力、思考力、実務遂行能力などが必要になりますが、これらが安定して機能するためには体力が必要不可欠です。そして、体力維持のためには、先に述べた規則正しい日常生活がとても大切です。

体力の増強・維持には運動が一番効果的ですが、発達障害のある人のなかには運動が苦手な人も多く、そのような人が運動習慣をすぐに取り入れることはハードルが高すぎます。そのような場合には、運動と意識せずに取り組める筋肉を使う活動（例えば、階段を意識的に使う、駅まで回り道をするなど）を増やすことが大切です。

また、発達障害を含む精神障害のある人は姿勢が悪く十分に呼吸できていない場合が多いため、ヨガやストレッチなどで深い呼吸をしながら姿勢を正すだけでも心身ともに状態が良くなります。うつ病などのリワークプログラムでは、通勤訓練として図書館などへ通う訓練をしていますが、それも筋肉を使うことで体力を回復させるための１つの方法なのです。

一方で、発達障害のある人にとって、毎日の就業が過重な負担にならないよう、適宜休息を取ることも大切です。発達障害を含む精神障害のある人は、興味のあることに集中すると時間を忘れて取り組んでしまう場合が多々見受けられます。疲労を自覚することが難しいため休むことができず、最終的に倒れてしまうことも少なくありません。そのため、毎日の、そして週ごとの予定をしっかり立て、周囲の人が当事者の予定を管理し、守るようにすることが大切です。

上記以外の項目の具体的な内容については本書の他の章に譲りたいと思います。

高機能発達障害のある人への対応

高機能発達障害のある人は、障害特性をもっていることが外見からはわかりませんし、ある段階（年齢）までは社会適応できてしま

うため、その特性が日常生活活動や社会参加への妨げになっていることが周囲の人からはなかなか理解されません。しかし、学校や会社で定型発達の人が何気なくやっていることが上手くできず、とてもみじめでつらい思いをしている人が実は少なくありません。一定人数の一般集団で知能指数を調べると、その分布は必ず両端（高い方と低い方)の裾野が広がります。つまり一般就労の人のなかには、（意図的に集められた集団でない限り）一定の割合で高機能発達障害の人が含まれているはずです。本人は理由がわからず苦しんでいる場合がありますので、周囲から声をかけて話し合いの場を持つことも大切です。

　また、高機能発達障害のある人は、障害特性により不得意になっている能力以外は、周囲よりも高い能力を有することが多いため、できないこと、苦手なことが実際以上に強調され、それがつらさに輪をかけてしまうことがあります。そのため、通常であれば抱く必要のない劣等感を抱き、それが心の傷となり後々まで引きずってしまうことになります。こうした点に配慮することも場合によっては必要です。

　ただし、高機能発達障害のある人は、天然、変人、奇人などと呼ばれ、周囲が一定の距離を置いて接している場合もあります。周囲がとても大変な思いをしていても、本人が全く気にしていない場合も多いでしょう。また高機能のため学生時代には優等生であった可能性が高く、定型発達の人よりもプライドが高いことが多いと言えます。このような場合、高機能発達障害のある人にとっては当たり前のことをしているだけですので、周囲の意向を理解してもらうには大変な労力を伴います。あまりにコミュニケーション不全が重なると、周囲のストレスが過剰となり、周囲の方が体調を崩す、さらには人間関係が悪化する場合も認められます。もし、どうしてもこちらの意図が通じないときには、無理に理解してもらおうとせず、本人の特性に合った業務や職域に変更する、もしくは周囲のストレスにならない業務に切り替える、などの方策を選択することも必要と言えます。

日本の社会では、「和を以て貴しとなす」の言葉通り、周囲からあまり浮かないように気を配る必要があり、それがこの社会の人間関係の根底に流れています。こうした暗黙のルールに上手く対応できないと、対人関係においてトラブルが生じてしまいます。定型発達の人の"当たり前"と、高機能発達障害のある人の"当たり前"は少し異なっているか、まったく別の物であるという場合がほとんどです。周囲の方には、発達障害のある人を積極的に理解してあげる姿勢が求められます。

▶ 産業医として、皆さんにお願いしたいこと

　発達障害が一般に認知されるようになり10年以上が経過しました。この間、法定雇用率の改定も影響し、発達障害のある人の就労機会は大きく増えています。これにより、発達障害のある人が業務のなかで十分な戦力になることがわかってきました。その一方で、発達障害のある人と定型発達の人が一緒に仕事をすることには一定の限界や、多くの困難があることもわかってきました。さらには、一般就労の人のなかにも診断されてない発達障害のある人、発達障害と同等の特性を持っているサブクリニカルな人が一定数含まれることもわかってきました。

　発達障害は精神障害の1つに分類されますが、生まれつき有している特性として捉えることもできます。幼少期から診断基準を満たす特性を持っている人は、早期に診断され療育などの取り組みが行われるため、本人が自分の特性を理解していなくとも、周囲の協力を得ながら社会参加することは難しくない思われます。しかし、診断基準を満たす程の特性をもっていない場合、もしくは高機能発達障害のために特性を自分の力でカバーすることができた場合、日常生活や社会参加の場で困難が生じない限り、発達障害と診断されることはありません。それどころか、その特性が生得的であるが故に、

本人にとっては普通（当然）のこととしての認識しかなく、周囲がいくら振り回されていようと、自分の特性が問題になっていることへの理解は困難を極めます。両者の違いをしっかりと認識し、就学や就労の場面で周囲が適切に対応することは大変重要だと考えます。

　また、発達障害に関する情報は、今や書籍やインターネット上に溢れているため、そこに記載されている特性（症状）や問題を、すべての発達障害のある人が持っていると誤解しているケースに接します。どんな傷病でも、教科書に記載されている症状や所見がすべて認められる典型例には滅多にお目にかかれません。これは「感冒（風邪）」と一言で言っても、いろいろな症状が認められることからも容易に理解していただけると思います。大切なのは目の前にいる発達障害のある人にどういう特性があり、なにが問題になっているのかをしっかりと把握することです。その人に合ったものでなければ、どんなに素晴らしい合理的配慮であっても全く役に立たないものになってしまいます。

　あなた自身も含め、誰にでも発達のバラつきは存在します。発達障害と診断されるか否かは、そのバラつきの程度（量質ともに）によります。発達障害と診断された人への合理的配慮が、実はあなたにも有効な配慮である可能性を否定することは誰にもできません。発達障害のある人への合理的配慮は、きっと発達障害と診断されていない誰かにとっても有益な合理的配慮である、という視点を忘れずに合理的配慮の提供に取り組んでいただけることを願います。

【参考資料】

　「平成 30 年度障害者雇用実態調査」における「主な用語の定義」では次のように記載されています。

表 2-2 ● 「平成 30 年度障害者雇用実態調査」における用語の定義

（1）身体障害者 　身体障害者とは、「障害者の雇用の促進等に関する法律」（昭和 35 年法律第 123 号。以下「法」という。）に規定される身体障害者をいう。原則として身体障害者手帳の交付を受けている者をいうが、身体障害者手帳の交付を受けていなくても、指定医又は産業医（内部

障害者の場合は指定医に限る。）の診断書・意見書により確認されている者も含む。
　　この調査の障害の種類、程度の集計区分は次のとおりとした。

　イ　障害の種類
　　https://www.mhlw.go.jp/content/11601000/000521376.pdf 参照

（2）知的障害者
　　知的障害者とは、法に規定される知的障害者をいう。具体的には児童相談所、知的障害者
更生相談所、精神保健福祉センター、精神保健指定医又は障害者職業センターによって知的
障害があると判定された者をいう。
　　また、重度知的障害者とは次のイからハまでのいずれかの者をいう。
　イ　療育手帳（愛の手帳等他の名称の場合も含む。）で程度が「A」（「愛の手帳」の場合は
　　「1度」及び「2度」）とされている者
　ロ　児童相談所、知的障害者更生相談所、精神保健福祉センター、精神保健指定医から療
　　育手帳の「A」に相当する判定書をもらっている者
　ハ　障害者職業センターで重度知的障害者と判定された者

（3）精神障害者
　　精神障害者とは、法に規定される精神障害者をいう。具体的には次のイ又はロの者であっ
て、症状が安定し、就労可能な状態の者をいう。
　イ　精神障害者保健福祉手帳の交付を受けている者（発達障害のみにより交付を受けてい
　　る者を除く）
　ロ　イ以外の者であって、産業医、主治医等から統合失調症、そううつ病又はてんかんの
　　診断を受けている者

（4）発達障害者
　　発達障害者とは、精神科医により、自閉症、アスペルガー症候群その他の広汎性発達障害、
学習障害、注意欠陥多動性障害等の発達障害の診断を受けている者をいう。

（5）障害者となった時点
　　身体障害者については、採用時点で企業が身体障害者であることを承知していた場合のみ
「採用前」としており、採用後に身体障害者であることを承知した場合は「採用後」として
いる。
　　精神障害者については、採用時点で企業が精神障害者であることを承知していた場合のみ
「採用前」としており、採用後に精神障害者となった場合や、採用時点では企業が精神障害
者であることを承知していなかったが、採用後に精神障害者であることを承知した場合は「採
用後」としている。
　　発達障害者については、採用時点で企業が発達障害者であることを承知していた場合のみ
「採用前」としており、採用後に発達障害者であることを承知した場合は「採用後」として
いる。

参 考 文 献 ▼▼▼▼▼▼▼
厚生労働省 ●身体障害者手帳
　https://www.mhlw.go.jp/stf/seisakunitsuite/bunya/hukushi_kaigo/shougaishahukushi/
　shougaishatechou/index.html
厚生労働省職業安定局障害者雇用対策課地域就労支援室 ●「平成30年度障害者雇用実態
調査結果」

コミュニケーション特性への配慮が
活躍できる人材を育てる

発達障がいキャリア開発研究所 榎本 哲

コミュニケーションの特性を見極める

著者は発達障害のある人向けのキャリアアップ講座を立ち上げ、少し前から、就業中の発達障害のある人の支援と居場所づくりに取り組んでいます。

彼／彼女たちの多くが、高学歴で知的発達の遅れのない高機能自閉症であり、障害者雇用枠ではなく一般就労枠で働いています。さらに、探求心が強く、知的好奇心が旺盛という印象です。そして、仕事や生活での苦労話を聞いてみると、その困りごとの多くが他者とのコミュニケーション不全に起因していることが多いように感じます。

冒頭でご説明した著者が主宰する発達障害のある人にとっての学びの場では、参加者の自己紹介の際に「発達障害」などの診断名ではなく、自分の情報認知の特性（視覚、聴覚、文字、イメージなどのうち理解しやすい方法、処理の方法や速度）や感覚刺激に対する過反応・低反応など、会話の際に相手に配慮してほしいことを伝えてもらうようにしています。

発達障害は大きく自閉スペクトラム症（ASD）と注意欠如・多動症（ADHD）、学習障害（LD）に区分けされていますが、障害特性は100人いれば100通りあるため、仕事や生活のなかで他者とのよりよい関係性を築くには当事者一人ひとりのコミュニケーション特性に応じた工夫が必要です。

しかしながら、当事者本人が自覚している障害特性は意外に少なく、コミュニケーションがうまくいかない原因がわかっていないことがほとんどです。職場の上司や同僚の方は、本人の言葉だけを鵜呑みにせず、当事者の反応を深く観察し、いろいろな投げかけをしながら、特性に気づかせていくことが大切です。例えば、「聴覚からの情報だけだと理解できません」と言われたときにも、以下のように当事者の特性は様々に想定できます。

①話をするときに相手の顔が見える／見えないで理解が異なる、②電話で話をするとき、やりとりそのものができない／メモを取りながら話をす

るなどの同時処理ができない、③会話をする際、周囲に視覚や聴覚情報が
多いと理解できない……というように仕事上のいろいろな場面を想定した
質問をしながら、当事者自身が特性への気づきを得る機会を作ることが重
要です。コミュニケーションに関する障害特性を意識して言語化すること
は、当事者にとって自分自身をより深く知ることになるだけでなく、自ら
が働きやすい環境づくりにつながります。

感覚刺激（過反応・低反応）の特性への配慮

　もう１つ、職場において取り組む必要があるのが、感覚に関する困り
ごと（過反応・低反応）への配慮です（第１章参照）。感覚刺激に対する
反応異常が ASD 児の 80％以上にみられたり（Gomes et al., 2008; Marco
et al., 2011）、信頼性のある ASD 当事者の自叙伝のすべてに感覚の問題
が記述されている（Elwin et al., 2012）ことからもわかるように、発達障
害のある人の多くが何かしら感覚に関する困りごと（過反応・低反応）を
持っているといわれています。

　私たちの脳には、全身の感覚器や目（視覚）・耳（聴覚・平衡覚）・鼻
（嗅覚）・口腔（味覚）を通して、膨大な量の情報が届きます。しかし、脳
の情報処理量には限界があるため、情報を取捨選択し、そのうちの一部分
に焦点を当てて処理しています。定型発達の人は情報の取捨選択を意図せ
ず行っていますが、発達障害のある人はこのフィルターの働きが弱い、も
しくは疲労や過度なストレスがあると機能しない傾向があります。当事者
の方はよく、「無数の感覚情報が押し寄せてきて、押しつぶされるような
状態」という表現をされます。彼／彼女たちはノイズキャンセリング機能
のあるイヤホンやサングラスを使用したり、満員電車を避けたりするな
ど、感覚刺激への過反応・低反応に対していろいろな工夫をしています。
定型発達の人には理解できないつらさを日々、感じているのです。

　職場には、におい、社員の話し声やしぐさ、電話の鳴る音、掲示物、温
度／湿度、照明の明度、窓から見える風景、常に様々な情報が存在してい
ます。発達障害のある人たちは、こうしたばらばらで大量の情報を無視で
きずにそのすべてを感じ取ってしまい、結果として「集中せず、落ち着き
がない」「ぼんやりして、てきぱきと処理できない」という状態になって
しまうのです。

　周囲がこうした状況を理解して配慮することはもちろんですが、さらに

大切なのは、当事者本人が自信の感覚特性に気づき、言葉にする（職場に対して必要な環境調整を求める）ための支援です。

実践している工夫
◎対面でのコミュニケーションの場合

　著者が、発達障害のある人とコミュニケーションをとる際に行っている様々な工夫を少しご紹介します。

　図1にあるように、発達障害のあるなしに関わらず、私たちが他者とコミュニケーションをとる際には、五感からの情報入力、処理、出力という過程をたどります。著者自身が発達障害のある人とコミュニケーションをとる際には、この図1をイメージしながら、入力、処理（知覚〜意思決定）、出力の各段階にどのような特性があるかを考えることを習慣化しています。

　具体的には、五感のうち特に視覚、聴覚、嗅覚、触覚の過反応・低反応のあるなし、聴覚・視覚・言語の情報入力の得手不得手、ワーキングメモリ（作業記憶）の大小、記憶との照合は言語かイメージか、処理速度は速いか遅いか、集中力や注意の切替はどうか、認知特性は継次処理（時系列で順番に理解）か同時処理（情報の全体像を捉えた後に、部分を関連付けて理解）か、アウトプットは書く／話すのどちらが得意か、その情報形態は文字かイメージ（図）か、等を確認するために様々な投げかけをします。このようなコミュニケーション特性をいろいろなシチュエーションで確認し、試行錯誤を繰り返しながら最適な方法を見つけるようにしています。

図1 ●情報処理の特性を考える視点

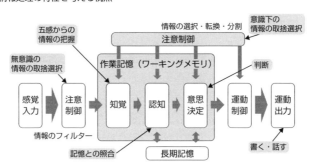

著者の場合、一対一の会話よりも多人数でコミュニケーションをとることのほうが多いので、話を聞いている当事者の表情を観察しながらストレスを感じていると思ったら、その人の特性にあった補足解説をしたり、後で理解を確認したりしています。特に、発達障害のある人のなかには聴覚過敏、注意障害（集中力低下や注意の転換がうまくできないなど）、ワーキングメモリの大きさが原因で聞き取りが苦手な人が多いので、複数の人が話し出すような場面では、話し手を一人に絞り、一度、話をクロージングさせてから次の意見を促すようにしています。

◎メール、SNS、スライドを通じたコミュニケーションの場合

　発達障害のある人に相談を持ち掛けられたときには、対面、Skype、メール、チャット等、当事者本人が得意な方法でコミュニケーションをとるようにしています。例えば、聴覚による情報理解／処理が苦手で、視覚優位（文字情報の理解が得意）の当事者の場合には、対面で話をせずにLINEのようなチャットコミュニケーションを活用することが多いです。一方、視覚優位のコミュニケーション特性を持つ当事者のなかでも、情報処理速度の遅い方への対応は、LINEよりもメールの使用の方が相談を受ける側のストレスも少なくなると思います。また、ワーキングメモリが小さい人は話がそれがちなので、対面の場合には話の内容を復唱したり、LINEの場合には途中で相談の趣旨を確認したりします。

　口頭、メール、スライド等の資料を通じて伝えるときには、最初に全体像を示し、どのような話をするのかを意識させてから話す・書くように心がけています。スライドで文章を示す際にも、定型発達の人よりも理解できる文字数が少ない傾向があるので、3～5つの項目を箇条書きにするようにしています。

　メールを書く際には、一般的には簡略化した短い文章のほうがよいと考えられていますが、発達障害のある人の場合には行間を読み取ったり、そこに書かれていない他者の気持ちを想像したりすることが苦手です。文面通りに受け取ってしまったり、言葉尻にこだわることで間違った理解につながることも少なくありません。冗長な表現になったとしても、行間に含まれた情報を括弧書きにして補うなど、当事者の理解を促すための工夫をお勧めします。こうした工夫は一見面倒に思われるかもしれませんが、伝わらない、理解されないことで二度手間になることを回避することができ

ます。

支援を通じて学んだこと

　発達障害のある人たちと接していると、自身の障害特性に向き合いながらも、職場でミスをしないようにと必死に努力をしている様子がうかがえます。それでも職場の上司や同僚とのコミュニケーションが上手くいかず、「やる気がない」「無口である」「すぐ怒る」など、誤解をされることが多いようです。相手にどのような印象を持たれやすいのか、わかっているのに指摘されることがつらいというメールをくれた当事者もいました。

　理解するための努力は支援する側にこそ必要と思いながら、著者自身、ずっと試行錯誤を繰り返しています。冒頭でご説明した発達障害のある人のキャリアアッププロジェクトのメンバーと向き合うなかで、傷つけあったり、罵倒されたり、ここに書くことのできない壮絶な出来事もありましたが、結果としてその人に合った書く・話すための能力や表現力がこれまで以上に身についたと感じています。また、日々の生活でも他者に対して表面的なことで判断せず、深く洞察するようになりました。支援する／教えるという立場ではなく、ともに学ぶという姿勢が大切であることをあらためて感じています。

　コミュニケーションの特性は、発達障害の診断を受けた人に限らず、定型発達の人にも大なり小なりあるものです。発達障害であることを職場に告げず、一般雇用枠で就労している当事者も少なくないなか、ちょっとした支援者の配慮さえあれば、発達障害のある人たちは個性や特性を活かし、将来的に職場で十分に活躍できる人材であるのではないでしょうか。

参考文献 ▼▼▼▼▼▼▼▼▼▼▼▼▼

Gomes, E., Pedroso, F.S., Wagner, M.B. ●Auditory hypersensitivity in the autistic spectrum disorder. ***Pro Fono***, 20, pp.279-284, 2008.

Marco, E.J., Hinkley, L.B., Hill, S.S., Nagarajan, S.S. ●Sensory processing in autism: a review of neurophysiologic findings. ***Pediatr Res***, 69, pp.48-54, 2011.

Elwin, M., Ek L., Schröder, A., et al. ●Autobiographical accounts of sensing in Asperger syndrome and high-functioning autism. ***Arch Psychiatr Nurs***, 26, pp.420-429, 2012.

第 **3** 章

就労における課題と
合理的配慮についてのQ&A

——面接・採用時篇

面接の日程はこちらで指定していいですか？

A: 支援機関の支援員や保護者の同伴を希望する求職者もいます。その場合、同伴者の日程調整も必要となることから、面接日程は求職者と求人者双方で相談したうえで決定することが望ましいです。

◉ 障害特性に配慮した柔軟な日程調整

　採用は、求人側が主導する一方的な行為と捉えがちです。一般的な採用面接の日程は企業側で決めてから求職者に伝えられます。これまでは、障害者雇用の採用選考でも、同じような形で取り行われていました。しかし、障害のある人の場合、障害起因による制約や会場までの経路状況によっては、面接の日時をすぐに確定できない事情があります。なかには、面接時にも支援機関の支援員や保護者の支えが必要な場合があります。発達障害のある求職者のなかには、コミュニケーション力の弱さを補うため、支援員らの助言を必要とする人がいます。そのため、支援員の手配や保護者の都合によっては、指定された面接日時に対して即答できません。企業側には求職者に対して、日時調整のための猶予を与えることが求められます。

　また、面接で、求職者から入社後の環境調整を求められることがあれば、それに対応するための時間も考慮しなければなりません。それらも見越して、求職者側と協議しながら次回の面接日や就業開始日などの日程を定めるようにします。

　稀に、障害特性に関係することで日程調整に手間取ることがあります。例えば、発達障害の特性として、「自分自身で決める」ということができない人がいます。その場合には、企業側が面接の日時を提案して求職者からの可否を受け、さらに最適と思われる条件の提示と絞り込みを繰り返すという細やかな手続を踏まなければなりません。また、会話することとメモを取ることなど、複数動作を同時にできない特性がある人は、電話での対話が苦手です。この場合はメールによる文字交信での意思確認が必要です。しかし、障害特

性としての記憶力の弱さや社会的常識の欠如が影響し、受信完了の応答を忘れたり、応答しないということも考えられます。そのため、メールチェックの習慣付けや返信期日の指定、メール受信確認のための返信など、メールマナーにおける約束事はあらかじめ明記したうえで発信するようにしましょう。

このように、面接の日程調整のための確認だけでも長時間を費やしてしまう事態も起こり得るため、ある程度の猶予を見越して打診することが望まれます。

● 応募書類から読み解く配慮内容

発達障害のある人のなかには、応募書類に就業時に求める配慮や、障害特性からもたらされる自身の困り事を記述する人が多くいます。そうした記述から、面接時に確認すべき配慮事項が想定できます。過去・現在含めて支援機関の利用があれば、面接時に支援員の介添えを考慮する必要があります。さらに、面接選考時だけでなく、採用後、その支援機関から定着支援を受ける可能性もあります。今後の関係作りのためには面識をもっておくことも大事です。

また、求職者に感覚過敏がある場合には、面接会場の環境調整として、外からの音や機械音、日光や照明、色目のある物品の軽減を意識した空間設定を考える必要があります。この設定は、実際に働くことになる職場環境と比較して、実現できるものかどうかを見極めるポイントにもなります。あまりにも実現性が困難な配慮事項は、採用後の就業や定着に影響を与えます。また、人の動きなどの動体刺激が障害特性に差し障る場合もあるので、職場見学を実施し、配慮事項確認とその実現性を検討することを忘れないようにします。

先の見通しを立てることができず終始不安を感じる人の場合には、面接を始める際に、おおまかな所要時間や質疑内容、質問の意味がわからないときや答えにくいときの応答の仕方（質問の意味がわからないときは無理に答えず問い直したり、答えにくい場合は答えなくてもよいなど）を事前に説明し、先々の不安を取り除いておくことも配慮と言えるでしょう。

Q 採用面接の際、就労支援機関の支援員同席を求められました。どうすればよいでしょうか?

A: 基本的には、支援員同席を認めます。保護者等近親者の同席を希望した場合も同様です。あくまで目的は求職者面接ですから、主として求職者が質問に答えるなど、事前に面接中の約束・役割を決めておきます。

● 支援員との関係構築

　定型発達の人の採用面接では第三者が同席することなど、あり得ないことと思われますが、障害をもつ人の場合には、当事者の障害特性を補うため、支援員らの同席は合理的配慮の1つです。発達障害のある人の場合、社交性の乏しさやコミュニケーションの弱さから、障害特性を自分の言葉で伝えることを苦手とする人がいます。面接のように見知らぬ人の前だと尚のこと動揺してしまい、うまく意思表示できず、もどかしく悔しい思いをすることになります。そこで、求職者の意思表示をサポートするのが支援員の役割です。

　また、ADHDタイプの人のように注意力が散漫な場合、自己PRや本人にとって評価のポイントになることを言い忘れていることがあります。感覚鈍麻で聞き取りが弱い人の場合には、面接者の質問を勘違いして事実でないことを話してしまったり、言わないといけないことを話せていなかったりします。そのようなとき、支援員にさりげなく後ろから言葉を添えてもらうことは、面接する側にとっても当事者理解のためには大いに助かることです。このように、発達障害のある人が業務に役立つスキルや能力を備えているのにもかかわらず、障害特性のために受け答えがうまくできないとき、そのコミュニケーション不全解消のための工夫が配慮となります。

　保護者であれ、支援機関の支援員であれ、同伴を快く感じていない職場も残念ながらあります。その理由は様々ですが、企業は面接だけでなく、雇用や就業に対して第三者が介在することを嫌うところがあります。業務上の機密に触れられるのではないかと危惧した

り、支援の枠を越え、求職者の業務や管理にまで口を出してくるのではないかと考えてしまうようです。また、採用面接では、支援員の口添えによって、本人のありのままの姿を正しく評価できないのではという懐疑的な思いもあるようです。

　しかし、日頃から就労訓練に携わっている支援員であれば、本人の対応方法をよく理解しており、就労後、トラブルが起きたときはその解決に力を貸してくれます。面接時の同席をきっかけとした支援員との関係構築が、就労定着のための体制作りに役立ちます。

● 面接における同伴者の役割と約束

　残念なことですが、面接時の質疑のほとんどを同伴者が答えてしまうことも稀にあります。求職者本人がうまく答えられなかったり、的外れなことを言ってしまったりする姿を見ていると、もどかしくて居ても立ってもいられず、ついつい代わりに発言してしまうのです。悪気はないものの、本題から逸脱してしまうため、時には面接官から注意を受け、発言を制止されることもあります。

　当事者の自立性を見る意味からも、あまりにも同席者が前面に出てくると求職者本人の姿が見えなくなり、採用選考の体をなさなくなってしまいます。そうならないためにも、企業側は面接開始前、同伴者に対して、どういう状況であれば補助できるのかを伝えておく必要があります。例えば、支援員は、基本は寄り添うだけの姿勢でその場に臨み、求職者が答えに困ったときや、本人や面接者からの要請を受けたとき、支援の現場で見てきた当事者像から補足すべき点がある場合に限り発言できる、などの約束をしておきます。また、就労後に気をつけるべき細かな障害特性やトラブル回避のための指導方法、過去のトラブル事案など、本人にとって不利になることを伝えない支援員も少なからず存在します。採用してほしいという心情は理解できますが、雇用する側にとっては重要事項ですから、良くも悪くもきっちり開示できる支援員こそが、今後も良きパートナーになり得る存在だと感じます。

面接の場所はどこでもいいのでしょうか？

A: 事前に求職者から申告があった場合には、可能な限り要望に沿うように面接会場の選定・設定を行います。発達障害のある人は、障害特性により遮音・遮光など感覚過敏への配慮を求めることがあります。実現性にも限度があるので、可能な範囲で場所を手配・調整すれば良いでしょう。それ以外は、就業場所もしくは、それに似た環境での面接が基本となります。

● 面接環境に対する困り感

　障害のあるなしに関わらず、採用面接において十分に自分を表現し、力を発揮できる環境を求めることは、求職者として当然の思いです。誰しもに享受されるべき機会であり、実現すべき配慮と言えるでしょう。入社後、実際に働く職場環境も大事ですが、選考過程においても、周囲の状況に影響されずに安心して面接に臨めるような環境設定が大事なことは言うまでもありません。

　発達障害のある人のなかでも、特に感覚過敏の特性に大きく影響を受ける人にとっては、面接会場の環境は大事です。視覚過敏のために照明の光でハレーションを起こし、周囲が見えにくくなったり、蛍光灯の微かなちらつきで気分を悪くしてしまう人がいます。その他にも、仕切りのないワンフロアのオフィスの一角で面接をするような場合には、面接官の背後を従業員らが不規則に動き回る姿やその気配、色の異なる様々な物が雑然と置かれた周囲の様子に注意力がそがれ、落ち着きがなくなります。また、人によっては空調によるゆるやかな気流や、空間内の室温・湿度のせいでぐったりすることもあります。一方、聴覚過敏がある人の場合には、重なり合う従業員らの会話やコピー機など事務機器が発する大きな機械音、何気ない物音などにも注意がそがれてしまいます。

　発達障害に限った話ではなく、どの障害にも言えることがあります。障害をもつ多くの当事者は、就業環境については意識していて

も、意外とその前段階にある面接選考の場にまで思いが及んでいないのです。他にも、応募書類には就業環境をイメージしての配慮は記入しますが、面接会場への意識は抜け落ちていることが多いでしょう。就業環境に関する配慮がわかれば、面接環境も同じように整備してもらえるだろうと思い込んでいる可能性もあります。

　求人側である企業の方では、障害特性に起因した就業環境への配慮と合わせて、面接環境へも思い巡らすことが無難であり、面接打診時に求職者に確認するのが望ましいと思われます。

◆ 面接環境と職場環境の違い

　厳密には、面接環境は一時的なものであり、まだ調整しやすいとも言えます。実際の職場には、業務作業上のルールや作法があり、それがそこで働く従業員の所作にも影響を与えるなど、職場環境が持つ独特の雰囲気があり、そのなかには容易に変えることができないものもあるでしょう。しかし、発達障害のある人と一緒に働く職場では、求職者からの要望や面接での様子を参考に、就業現場での配慮の実現性を検討しないといけません。求職者本人も採用された場合には、面接時と同じくらいの配慮が施された職場環境が用意されているものと勘違いするかもしれません。応募書類に環境設定への配慮事項を記入していた場合には、なおさら望んだ形になっているものと思い込んでいる可能性があります。

　いざ、就業開始となってから話が違うとクレームが出たり、後から要望が出ても、物理的に対応できなかったり、トラブルになるかもしれません。求職者には、面接時に社内を見学してもらったり、事前に職場実習やトライアル雇用を体験してもらうなど、現場を知ってもらう工夫が必要です。また、入社後の配慮の実現性についても、どこまでが可能でどこからが過重負担となるのか、その場合の代替手段をどうするのかなど、あらかじめ話し合い、目途だけでも立てておくと後で慌てずにすむでしょう。実際には、経済性や実現性などの過重負担の度合いは採否判定を左右することもありますから、環境整備についての検討はおろそかにできません。

Q 対話が苦手のようですが、面接中の会話はどうしたらいいですか？

A: 面接者から積極的に話しかけ、求職者が答えやすいようにします。苦手とする障害特性の状況（聞き取り・思考・表現）に応じて、アプローチの仕方を変えます。

● 状況に応じたアプローチの仕方

　発達障害のある人のコミュニケーション力の弱さは、一人ひとりその程度が異なります。障害特性として自閉症傾向があると、自らの意思をまとめて的確に発信することが苦手です。これは社会性・社交性の乏しさにも影響し、社会経験の少なさや失敗体験などから人との関わりを避けるため、余計にコミュニケーション不全を招き、悪循環に陥ったりします。こうした障害特性からコミュニケーションに苦手意識をもつ人も多く、自ら配慮を申し出ることができないため、応募書類上には必要な配慮の記載がなく、面接の段階になってようやくわかることもあります。

　発達障害のある人の採用面接では、相手からの申し出を待たずに、面接者から積極的に関わっていくことが望ましいアプローチ方法です。以下、個別に見ていきましょう。

【質問の仕方】

　発達障害の人の聞き取りや記憶の難しさに対応するには、質問の後でメモを取るための時間を確保するのもよいでしょう。その他にも、質問を文字に起こして渡したり、簡単な言葉に置き換え短文に区切り復唱するなど、柔軟な対応を心がけましょう。また、答えやすくするために一問一答形式で質問したり、「はい／いいえ」の返事で済むようなクローズドな質問をするのもいいでしょう。

【会話の進め方】

　初対面の人との会話は誰しも緊張するものです。本人の興味関心から話しやすい話題を会話の糸口に選び、和んできてから少しずつ問いかけていきます。ADHDタイプの人の場合には、多動的な思考

により頭のなかが整理できずに言葉が出てこなかったり、支離滅裂になってしまうため、整理するための時間を設けることも必要です。

【答えの聞き方】

　発達障害のある人は、自分の想いや考えを言葉に置き換えることが苦手です。面接者の方から、話しやすいように一言二言ヒントになるような言葉を出したり、例を示したりします。求職者から申告がなくても、面接への一貫した配慮として、支援員や保護者が同席し、代弁者の役割を担うことが可能であることを最初から周知し、申し出に応じて対応準備を進める枠組みを作っておいてもよいでしょう。

● コミュニケーションスキルが高い人への注意点

　発達障害のある人のなかには言語能力が高く、大変饒舌に会話をする人もいます。この場合、障害特性は別の部分で顕著に表れるものと考えられます。しかし、その姿からは本当に障害があるのかと感じられるかもしれません。対話ができることから、他の障害特性の印象も薄くなり軽んじられることもあります。

　企業側は、当事者が抱える困難さや弱い部分を忘れてはいけません。饒舌に話す人のなかには、延々しゃべり続けてしまう人もいます。こだわりの強さや（興味の）視野が狭いことから、周囲の状況が読めず、自分ではコントロールできなくなってしまうのです。この場合には、周囲が介入して適宜制止したり、一呼吸の間を置くように促し、本人に気づかせることが必要です。ここでどのような行動をとるかで特性の深さがわかることもあります。

　饒舌に語り出すも、過去の記憶や自分の言葉に触発されて急に滅入ったり、嫌悪感を露わにして否定的な言動・態度をとったり、気分の変動が激しい人もいます。これは認知のゆがみにも関係していて、周囲が見えなくなることで起こるものです。大事な面接の場であっても、その場にそぐわない不適切な行動をとってしまいます。気がつかない人もいれば、後になって後悔して落ち込む人もいますが、いずれの言動も障害特性によるものです。

Ｑ 面接の進め方は、定型発達の人と同じでいいのですか？

A: 面接自体の流れや方法は変わりませんが、障害特性に応じた対応が必要です。発達障害のある求職者にとっての「理解のしやすさ」「答えやすさ」を意識して質問し、相手の話に耳を傾けるようにします。障害や特性の仕事への影響、求める配慮に関してつまびらかになるように時間を費やして1つ1つ明らかにしていきます。

必要であれば、面接以外に適性検査や実技確認なども行います。

● 発達障害の特性に応じた対応

障害の有無に関係なく、基本的に採用面接の進行に違いはありませんが、発達障害のある人の面接では、障害特性に合わせて対応方法を変えていく必要があります。

イマジネーション（想像力）の弱さがあると、面接の場で求められていることが想像できません。どんなことを尋ねられるのか、どう答えればよいのかわからずに不安になり、落ち着いて面接に臨めず、受け答えがたどたどしくなることがあります。このような場合には、面接の所要時間や順序、質問内容をあらかじめ大まかに説明して、安心感を持ってもらうようにします。

p.8にもある通り、周囲の音に反応してしまう聴覚過敏や記憶力の弱さのために聞き取りが苦手な人には、メモを取るための時間をこまめに設定したり、質問内容を何度か復唱したり、考える時間を設けます。もし間違って理解しているようなら、言い回しを変えて再度質問し直し、質問の意図がつかめているか確認します。

コミュニケーションの弱さから思うように言葉が出にくいようなら、ヒントや選択肢をいくつも挙げて答えやすいようにします。面接の雰囲気や流れに慣れるまでは言葉が出ないこともあります。そんなときは、最初のうちは「はい／いいえ」だけで答えられるクローズドクエスチョンを投げかけていき、慣れてきたら深掘りした質問で詳細を語ってもらうようにします。

応募書類や支援員からの助言で事前に求職者の障害状況について知っていたとしても、面接の場で本人に対面して初めてその意味を理解することになりますから、答えやすいようにその場でさり気なく提案したり、速やかに対応の仕方を変えていく柔軟な姿勢が求められます。

　本人からの申し出がない場合にも、面接案内の段階で支援員等の同席も可能であると説明しておきます。実際に同席者が確保できるなら、わかった段階で連絡をしてもらいます。求職者がどんな人物なのかを詳しく知るために、求職者本人だけでなく同席者にも1つ1つの問いに時間をかけて深く問い合わせ、障害に関することや障害特性の影響、就業するなかでの困難さ、それに対する周囲の適切な対応方法がどういうものなのかを明らかにしていきます。

◆ 面接評価の難しさ

　面接では、障害のことや過去の出来事など、本人にとってはデリケートで触れてほしくないようなことを尋ねることもあるかもしれません。面接者は、面接を始める前に、もし話したくないこと、答えにくいようなことがあれば、申し出ればそれ以上は問わないし答えなくてもよいことを伝えます。聞きたいことがあるからと言って、無理強いはできません。質問に答えてもらえないこともあることを認識しておきましょう。この場合、求職者が答えた限られた情報だけで、採否を判断しなければなりません。求職者本人にどのような結果をもたらすのかは企業の采配となります。

　障害のある人の採用選考では、必要であれば適性検査やパソコン操作の確認等も行われています。ただ、短時間の（面接も含めた）採用選考だけでは適正評価できるかどうか不十分な面もあります。職場実習などでは目に見える形で結果が示されるため、可能であればインターンシップなどを実施し、選考前の段階で適性を見ておくことが望ましいでしょう。少しでも長期間の就労の様子が見たいのであれば、数か月間のトライアル雇用の導入を検討するのもよいでしょう。

Q 複数の求職者から応募があった場合、採否判断や配慮の優劣はどうしたらよいでしょうか？

A: 業務遂行のために人材を求めているのですから、採否の判断基準は基本的には仕事が十分こなせることが見込まれるかどうかです。もちろん、障害のある人への合理的配慮が施されていることが前提です。そのうえで、求人側の組織の考え方次第の判断となるでしょう。

● 障害のある人と定型発達の人の選考

　採用は指定業務を遂行できることに加え、経験やスキル、人的要素などを考慮したうえで、採否を決めることになります。この考え方は、一般雇用枠・障害者雇用枠のいずれにも当てはまるものです。

　企業の求人枠には、誰もが応募できる一般雇用枠と障害者雇用を目的とした求人枠があります。どちらの枠であっても、採否の判断基準は、基本的には業務遂行できるかどうかであることに変わりはありません。

　ただ、定型発達の人と障害のある人が同じ採用枠に申し込んでいる場合、あるいは1つの障害者雇用枠に複数の障害のある人の応募がある場合には、同じ判断基準で採否を決めていいものか悩ましく感じることもあるでしょう。採否の内容によっては、障害者差別などのトラブルになるのではと危惧される人もいます。

　前者のように、定型発達の人と障害のある人が1つの求人枠に応募してきた場合、どのように見ていけばいいのか、参考となる指針があります。厚生労働省から発表されている「障害者差別禁止指針」（第3-14.　法違反とならない場合）のなかには、「合理的配慮を提供し、労働能力等を適正に評価した結果として障害者でない者と異なる取扱いをすること」と明記されています。これは、障害のある人に対する合理的配慮を施したうえでの業務遂行を考えたとき、定型発達の人が本求人で想定している人材要件に適するものと判断し、その人を採用したとしても、障害者への差別には当たらない、

つまり障害者差別解消法違反ではないというものです。障害の有無に関係なく、業務遂行の可否を見て判断することは間違いではないことを表しています。ただし、障害者への合理的配慮（仕事をこなすうえでの配慮）を考えたうえでの話であると条件をつけています。

　上記の指針の続きには、以下のような記述もあります。「積極的差別是正措置として、障害者でない者と比較して障害者を有利に取り扱うこと」というものです。通常であれば、定型発達の人を優位に扱ってしまうところを、そうではなく、敢えて障害のある人を優遇する取扱いは、定型発達の人に対しての差別行為にはならないことを意味するものです。別の見方をすれば、（優位に扱うことにはなるものの）障害者に対して特段の扱いをしているという意味では、差別的な取扱いとも見てとれます。

　ただし、この場合には、不利な処遇の改善のための取扱いとなることから、差別には値しないと位置づけているのです。定型発達の人よりも障害のある人を優先的に採用したり、是正措置を念頭において評価をすることは間違った対応ではないと解釈できます。

● 複数の障害者からの選考

　次に、複数の障害者が１つの求人枠に応募した場合には、障害特性の違いが採否判断のカギを握ることになるかもしれません。同じ発達障害であっても、一人ひとり障害特性の出方や度合は違います。それにより、求められる配慮の内容は変わってきます。具体的には、配慮を実行するための難易度やマンパワー、コスト、予想される効果などを個別に考えることになります。選考基準としては、当然、それぞれの業務遂行能力を一番に評価することになりますが、入社後に必要な合理的配慮の比較にも同じくらい重点が置かれます。配慮内容のうち、どんな事項をどういう位置づけとし、採否の一因とするかは、求人側である各企業の考え方によるものと思われます。

　こうした基準だけでなく、ユニークな企業理念や考え方によって独特で良い意味での恣意的な判断がなされ、採否を決める企業もあるでしょう。

◆ 一般雇用枠と障害者雇用枠について

　一般雇用枠への応募は、資格が必要な特殊な職種や専門性等の条件がある場合を除いて、基本的には誰もが応募できます。

　一般雇用枠に障害のある人が応募しても何も支障はありません。その場合、当事者からの申し出がなければ特段の配慮なしに選考が進められることになります。障害者として申し出があれば、合理的配慮を実施し、それを考慮したうえで、それぞれの企業が求める人材要件に照らして、最適と考えられる応募者を選ぶことになります。業務遂行のための労働力を基点にした判断がなされますが、多くの応募者がいますので、採否は求人側次第です。障害のある人が採用された場合には、就業に当たって合理的配慮の提供を受けることができます。

　一方、障害者雇用枠は、障害者雇用の促進を目的としたものですから、応募の要件は「障害者であること」です。障害のある人を対象としますが、企業は法定雇用率達成に重点をおくため、自ずと障害者手帳を所持する人に目がいきがちになります。障害者であることを公にした形での選考ですから、当然配慮を求めやすくなります。ある意味、定型発達の人よりも優先的に取扱われるとする見方もあります。

　中途障害など、就業中に障害をもつようになったり、診断されるということも実際に起こることです。基本的には障害の有無と雇用契約は直接関係ありませんので、これまで通りの雇用関係が続きます。ただ、障害状況によって就業上、配慮の必要性が生じたり、業務遂行に影響が出たりすることがあります。その場合には、今後の就業について、企業と当事者、双方で話し合う必要があります。ここで障害を理由として雇用契約条件を改悪することや変更を強要することは、差別的扱いと見なされるので注意しなければなりません。労働条件の変更等については双方の間で十分話し合い、合意を得なければならないでしょう。加えて、障害についての取扱い、個人情報管理や就業上の合理的配慮についても話し合わなければなりません。

企業における障害者雇用の取り組み

障害者雇用担当 （民間企業） 北原和佳

　著者はこれまで、人材会社として、福祉の立場として、企業での障害者雇用担当として、様々な立場で障害者の就労支援に関わってまいりました。現在は小売業の会社で障害者雇用を推進する仕事をしています。現在の会社に入社したのは2年半前。それまでは法定雇用率未達成、ハローワークから指導を受けている会社でした。採用、雇用管理のどれもうまくいっておらず、なんとかしなくてはというタイミングで縁あって入社することになったわけです。現在（2019年6月算定日）、弊社の障害者雇用率は2.68％となりましたが、法定雇用率（民間企業の場合2.2%）の達成だけでなく、今は「障害者が活き活きと活躍し、戦力になることが最も大切である」との考え方で障害者雇用に取り組んでいます。

　会社の理念や環境により、障害者雇用の取り組みはそれぞれかとは思いますが、私どもの取り組みが企業の皆様に少しでも参考になれば、また障害者の活躍の場を広げることに繋がればと思い、ご紹介させていただきます。

障害者活躍推進プロジェクトの発足と職域開拓

　2017（平成29）年7月、社内に障害者雇用を知ってもらい、障害者が活き活きと活躍するためのプロジェクトを発足しました。といっても、正式に認められたプロジェクトではなく、著者を含む人事の障害者雇用担当2名で自主的に立ち上げたプロジェクトです。このプロジェクトの1つとして、各部署から切り出した業務を、雇用管理者の支援のもと、障害者スタッフに担ってもらう事務サポートのしくみを作ることにしました。

　パンフレットを作成し、各部署に定例業務や後回しになっているような仕事はないかを聞き取りにまわる、いわば職域開拓です。このとき各部署でキーマンになってくれたのは、事務担当の女性でした。おそらく、最初に管理職に聞き取りにいっていたら、仕事はすぐに切り出せなかったと思います。なぜなら弊社では、比較的定例業務で且つ作業ボリュームを多く

抱えていたのは、女性社員や派遣社員だったからです。

実習

　職域開拓で切り出せそうな業務の目途がたってきたので、並行して障害者スタッフの実習と採用を進めました。採用選考では、必ず実習をしてもらうことを条件としました。理由の1つとして、業務内容と本人のやりたいこと、スキル、環境、現在の体調と働き方がマッチしているかを企業も入社志望者もお互いに確認することが必要だと考えたからです。もう1つは、これまで精神障害のある人や発達障害のある人の採用にあまり積極的でなかった企業側を納得させるという意図もありました。

　ですので、実習では実習者の得意不得意に関わらず、すべての業務を一通り体験してもらうようにしました。発達障害のある人の場合、本人が得意と感じているものが、実際には企業の求めるレベルに達していなかったり、また逆に本人が苦手意識を持っていたことが、今の業務では十分なレベルに達していたなどのミスマッチがあることが少なくなく、実習ではそのズレをお互いに知ることができます。

　また、就労前の実習で職場の環境、一緒に働く仲間を知ることができ、具体的な職場イメージを持つことで不安材料が減るのではないでしょうか。企業にとっても聴覚過敏や視覚過敏等の敏感さの程度や、その他配慮事項を確認することで、物理的に配慮できること、できないことが明確になります。発達障害のある人のなかには業務に没頭してしまい、休憩をとることを忘れて働きすぎてしまう方もいますので、休憩のとり方や疲労度なども実習のなかで確認していきます。

採用

　実習で本人の特性、スキル、やりたいことが弊社の業務にあっていることを確認し、本人からも応募希望があった場合、採用ステップに進みます。採用は人事の採用担当が行います。履歴書や職務経歴書に従い質問していきますが、障害内容やこれまでの症状、通院、服薬、現在の体調、障害特性についてはかなり詳しく聞いています。

　これまでお会いした企業の採用担当者のなかには、障害についてどこまで詳しく聞いて良いかわからないとおっしゃる方もいらっしゃいましたが、障害者雇用枠で採用する、入社後はしっかり定着して長く就労継続し

てもらいたい、ということであれば、そのために必要なことは採用面接の際にきちんと聞いておかなくてはなりません。また、配慮事項に関しても、面接前の実習で確認していた場合にも、再度面接できちんと整理しておきます。

入社

　弊社では就労条件は個別に設定しています。ほとんどの方は週5日勤務で実働6時間からスタートしていますが、体調によっては週4日勤務や時短勤務からのスタートも可能です。実習ですでに体験しているとはいえ、実際に就労するとなると、最初は緊張と不安の連続だと思いますので、入社直後は頻繁に面談を行い、様子を見守ります。

　また、担当業務を決めたら、

①業務内容を説明する（マニュアルがあれば利用する）
②指導者が実際にやってみせる
③指導者と一緒にやる
④他の仲間と一緒にやる
⑤一人でやってみてもらう

のステップで、業務を習得してもらうようにしています。

　スムーズに進まない場合には1つ前のステップに戻り、つまずいた箇所はどこかを分析して、教え方／覚え方を工夫します。例えば、当事者、個人個人に合わせたオリジナルのマニュアルやツールを作成しています。マニュアルは間違えやすい箇所に太字や色をつけるなど、視覚的に目立つように作成したり、複雑な業務は工程ごとにトレーやチェックリストを使ってその人に合わせた量に分解し、進捗をわかりやすくすることで、進み具合や、つまずいている箇所が本人も指導者にも明確になるように工夫しています。最初は手間がかかるし、時間がかかることもありますが、このステップは著者の経験上、重要だと考えています。その人に合ったやり方が見つけられないと、ミスが出やすい、毎回質問してしまう、本人も自信がなくなるというマイナスのスパイラルに陥り、次につながりません。少しでも早く、当事者一人ひとりの特性に合った理解の仕方、業務の進め方を見つけることが、その後の円滑な業務遂行につながっていきます。

定着支援

　入社後は、1ヶ月、3ヶ月、半年、1年のスパンで定着支援をしています。著者が障害者スタッフにいつも話しているのは、「最初の1ヶ月は何が何だかよくわからなくても当たり前。3ヶ月経つと初めて自分の担当する仕事がなんとなくわかってくる。半年経つと、他の人の仕事も見えてきて、そのなかで自分の役割がだいたいわかってくる。1年経つと、体力的にも仕事内容にも自信が生まれてくる」ということです。障害者に限らず、定型発達の人も含めたすべての新入社員に言えることだと思いますが、特に障害を持つ方々の定着支援面談では毎回この話をしています。

雇用管理

　日々の雇用管理で気をつけていることがいくつかあります。まず1つには先の見通しやスケジュール感を素早く伝えることを意識しています。現在、著者の部署ではスポット的な業務も請負っていますが、いつ頃どの程度の量の仕事がくるのかがわかった時点ですぐにメンバー全員に伝えます。連絡は壁に貼ってあるホワイトボードと連絡帳を使います。事前に伝えることで、ある程度の心づもりをしてもらい、場合によっては担当業務を調整し、スポット業務を優先してもらうこともあるため、それぞれの人の業務の優先順位も明確にしておきます。

　発達障害のある人のなかには特性から時間管理が苦手、突発的な業務変更が苦手な方がいますので、そういう方には日頃から、週ごとの業務予定と毎朝その日のスケジュールをたててから、業務を開始してもらいます。時間を意識することはもちろんですが、このやり方を始めてからは休憩もうまくとれるようになりました。また、スポット業務が入るときは、週の予定に組み込んでもらうことで、スムーズに業務に着手できるようになりました。

　さらに、環境面での配慮にも工夫をしています。人との距離感がうまく掴めず、人疲れしてしまう人には、窓に向かった席を用意しています。社内はフリーアドレス制を導入していますが、障害者スタッフは自分の席が毎日変わることに不安を覚える人も多いため、そういった場合には従来通りの固定席とし、作業スペースのみ共有するようにしています。

産業医や外部機関との協力

　安定した就労継続のために、産業医や支援センターとの協力は不可欠です。著者を含めた障害者雇用担当者は会社内でのことはある程度支援できますが、安定就労のためには、衣食住、健康管理、家族、友人との関係など、会社では解決できないことが多く関わってきます。体調面や食事・睡眠など、健康に関することは産業医や主治医との連携が必要となる場合があります。

　また、身だしなみや衛生面、住居や金銭管理などについては家族や支援センターに協力をお願いするなど、多方面から障害者社員をサポートすることが長期就労に結びつくと考えます。

他の社員から見てどうか

　「どう接して良いかわからない」「どんな仕事をお願いしたら良いかわからない」――これまで障害者と働いた経験のない社員からよく聞くセリフです。様々な部署から業務を請負うようになった現在、社員からの声は次のように変わりました。

　「こんなこともお願いできるのであれば、もっと早くお願いすれば良かった」「真面目にきちんとやってもらえるので、助かっている」「わからないことはそのままにせず、聞いてくれるので信頼できる」「もう、なくてはならない存在！」最後のセリフは少しオーバーかもしれませんが、障害者スタッフが、それぐらい戦力となっているということです。彼／彼女たちにとっても、社員からの「いつもありがとう。助かっています」という言葉がモチベーションアップにつながっていることは言うまでもありません。

会社の変化

　障害を持つスタッフがその特性を活かして活躍する姿は、企業にも変化をもたらします。これまでアウトソーシングしていた業務を社内の障害者スタッフが担うことで、内製化したものがあります。また、一時的に派遣社員が担当していた仕事も今は障害者スタッフが担当しています。各部署で業務を切り出す作業そのものが、これまでの仕事のやり方を見直し、効率化につながっています。

　障害者スタッフの担う仕事が増える分、障害者採用も広がっています。

障害者スタッフのなかにはスキルを磨き、社内でステップアップしていく人も出てきました。障害者スタッフが働きやすい会社は障害を持たない社員にとっても働きやすい会社です。障害者が活躍するための工夫は、すべての社員が活躍するための工夫でもあると言えるのではないでしょうか。

まとめ

　障害者雇用をこれから始めようとされている企業のなかには、精神障害のある人や発達障害のある人の雇用は知識がないと難しいとお考えの企業も少なくないのではないでしょうか。確かに発達障害は特性も様々ですので、個別特性の理解には少し時間がかかることもあるかもしれません。ですが、特性に合った工夫や配慮で能力を発揮し、活躍できる方も多いはず。今回は1つの事例として、弊社での取り組みをご紹介しました。参考にしていただければ幸いです。

──就業開始後篇

Q 業務の内容や進行について、すべてがわかるマニュアルを準備してほしいと申し出がありました。

A: 障害のある人を雇用した場合、基本的には、業務遂行のためのマニュアル等、補助的用品が必要です。また、用意しておくことが配慮です。さらに、"合理的" な配慮という意味では、個人に適するものが求められます。発達障害のある人は特性や能力に個人差があるため、実際に業務に取り組むなかで、最適なマニュアルを作り上げていくことを伝え、本人の理解と協力を得るようにします。

● 実践によるマニュアル作り

　障害のある人が入社後、業務遂行にあたっての配慮としては、様々な障害特性に応じたマニュアル等の整備が考えられます。このマニュアルは、障害の有無に関係なく、今後、同様の業務に従事するスタッフのためにも役立つものです。

　多くの職場に、それぞれの業務内容に沿ったマニュアルと言われる手順書や解説書が備わっていることと思います。なかには、口頭ベースでの申し送りがなされている職場もあるでしょう。資料となるものがなく、一から体験し失敗しながら、自分一人でマニュアルを作り上げていくこともあります。その内容もまちまちで、事細かく明記されているものもあれば、記述内容の意味を1つ1つ想像しながら辿っていくしかないほどお粗末な場合もあります。また、雛形等の規約を設けて作られているものもあれば、記述内容に統一性のないものもあります。

　それでは、障害のある人が活用できるものとしてのマニュアルは、どのように準備すればよいのかを考えてみましょう。既存のものがあれば、それを元にすればよいですが、ない場合には初心者を想定したレベルで内容を吟味します。発達障害の障害特性である想像力の弱さや記憶力の弱さに配慮して、マニュアルの文章を短文でわかりやすい表現に変えたり、図表を多く用いるなどの改訂が必要です。ただ、どのぐらいの改編・補強が必要なのかは、当事者本人の能力

や素質、障害特性の程度によって変わってきます。発達障害のある人は同じ内容を見聞きしても、障害特性によって理解できたりできなかったりします。視覚表現を増やしてわかりやすくすべきなのか、事細かく手順を分けて示すのかなど、当事者が理解できるように個別に手を加えていきます。

　しかし、そうした工夫を加えたうえで本当に"使える"マニュアルになっているかどうかは、当事者本人が実際に利用してみないとわかりません。使いながら改修点を見つけ、その都度修正していくことになります。マニュアル作成時には、その時点での社内の整備状況を説明し、当事者にマッチしているかを確認します。そのうえで、業務遂行しながら改編・補強を行う共同作業であることを本人に説明して理解を得ることが必要です。また、企業側か当事者本人かのどちらが主導的にマニュアル制作の作業を行うかも取り決めておいた方がよいでしょう。当事者の特性や能力によっては自身で手直しできる人もいますが、事前に決めておかないと結局何の配慮もなく、作業を押し付けられるのではないかと不安になる人もいます。

● できる仕事だけください

　職務遂行に関する配慮の申し出以外にも、「自分ができる仕事だけください」とか「失敗しない仕事を用意してください」という要望をされることもあります。仕事は、取り組んでみて初めて向き不向きがわかります。小さなことにつまずいたり、思いがけない成果を生むこともあります。

　仕事との相性は事前にすべてを把握できないこと、進めながら調整していくことを説明しておく必要があります。当事者のなかには、極度に先々への不安を強く持つ人や、過去の経験から失敗への恐怖が強く根付いている人もいて、上記のような事情を説明しても受け入れがたく頑なに自身の要望にこだわってしまうこともあります。その場合には、本人が納得しやすい別の仕事への割り当ても想定する必要がありますし、事前に職務マッチング手順や、それに伴う配置転換の有無なども説明して理解を得ておく必要があります。

Q: 配慮をいくつも提供してきましたが仕事ができません。このまま同じ業務を続けさせてよいのでしょうか？

A: 現在の業務の遂行を目指し、さらなる配慮を講じることも対処の１つですが、区切りをつけて、新たな職域開拓を行うことも大切です。

● 継続遂行も新規開拓も、どちらも配慮

　職歴やスキルから活躍を期待されて職務に就いても、業務内容に対して障害特性が大きく影響したり、それに関連して持ちうる能力が十分に発揮できなかったりして、該当業務を思った以上にこなすことができない場合があります。業務遂行のための配慮として、様々な手立てを講じるも、思うように結果も出なければ、改善の目途も立たず、双方が思案してしまうこともあります。

　当事者がつまずいてしまった原因としては、障害特性と業務内容のミスマッチ、それに対する配慮が有効に機能していない、本人の未熟な自己理解による思い込み、周囲とのコミュニケーショントラブルなど、様々な原因が挙げられますが、これらすべてが輻輳的に絡み合うこともあり、明確な理由を１つに絞ることは難しいかもしれません。

　このような場合、該当職務が遂行できるように、難易度が低い作業になるように当事者の担当範囲を狭めたり、作業の組み合わせを変えたりと、あらゆる対処策を試みて、諦めずに取り組み続けることも大事です。もしかすると、続けていくうちに練度や慣れにより、状況が変わってくるかもしれません。何かしらのきっかけで状況が好転することもあります。尽きることなく合理的な配慮を模索して提供し続けることも望まれるべき職場の対応です。

　一方で、障害のある人に対する合理的配慮の範囲を示す「合理的配慮指針」（厚生労働省制作）のなかには、合理的配慮として求められない事例が挙げられています。配慮を施しても業務遂行に支障をきたすことがわかった場合には、業務を従事させ続けることは事

業主の配慮として求められるものではないとする記述があります。

　配慮を講じたけれども、任された業務が遂行できないのであれば、敢えて無理をして当該業務に従事させ続けることは、障害のある人への就業機会の提供とは言えないということです。逆に、本人にとっても苦痛であり、耐えがたい状況に身を置き続けることになります。また、障害のある人が苦手な業務を続けることで、業務全体に支障が出てきたり、周囲の従業員らとの間で軋轢が生まれることもあります。気を付けないといけないことは、何をもって「業務遂行できていない」と判断するのか、その基準を明確にしておかないと後でトラブルの元になります。

　様々な配慮提供後も、長く状況が変わらない場合には、現状に区切りをつけて、新たな職域開拓の機会を模索し、提供することが本人にとっても、周囲にとっても、事態をより悪化させないことにつながるものと考えられます。どのタイミングで区切りをつけるかは、その事案に応じて熟考しなければならないでしょう。

● 労働条件の悪化は差別的取扱い

　注意すべきことは、適する仕事がないからといって、障害のある人にとっての雇用機会が損なわれるようなことは避けなければなりません。別の職域を開拓することが道義的にも求められます。一人ひとりの能力が活かせる職域および環境を探っていくことも合理的な配慮です。

　また、障害を理由にした待遇や労働環境の低下は、差別的取扱いとみなされます。同じ理由で労働契約の改悪を強制・強要することも法令違反です。新たな職域への配置転換が必要になる場合、求人情報や労働契約等の内容と異なってくる可能性があるため、本人と協議のうえ了承を得なければなりません。また、配置転換に伴い労働条件・雇用待遇の契約見直しを求めるならば、差別的な取扱いと見なされる恐れがあるため、当事者と協議を行い、理解と了承を得なければなりません。

Q 昇進昇格については、どのような配慮が必要ですか？

A: 当事者が昇進昇格審査を受ける要件を満たしているならば、制限なくその審査を受けられることが当然の扱いです。昇進昇格後の業務への配慮提供を前提に、本人がその役目にふさわしいのかどうかを問うことは、障害のあるなしに関係ないものと考えられます。

● 昇進昇格審査での配慮

　障害を理由に、当然与えられるべき機会を制限することは差別的取扱いとなります。昇進昇格の判断基準は業務に関わることであって、障害のあるなしに直接影響を受けることはありません。そのため、資格要件が満たされているのであれば、昇進昇格審査は与えられるべき機会となります。

　一般的に昇進昇格の審査資格は、経験値や就業年数、業務実績などの成果・結果を条件にしたり、試験や上司等による推薦で候補者が選ばれます。発達障害のある人も資格要件を満たすのであれば、何の制限もつけずに候補者として審査を受けられるようにすることが当然の扱いです。

　また、発達障害のある人のなかには、自分の考えへのこだわりが強く、社会性・社交性の乏しさをもつ障害特性のために、自己中心的な視点になりがちで客観的評価が受け入れられない人がいます。その場合、昇進昇格の審査対象にならないことや、自己評価が認められないことに憤りを持つ場合があります。事前に審査基準や評価要件などを明らかにして説明しておくことも必要です。

　実際の審査は、主に筆記試験や面接などで行われます。審査中の時間延長や環境調整などについては、大学入試で取り扱っているような障害当事者への配慮を参考にすべきと考えます。昇進昇格審査は内容的には大学入試とは大きく異なりますが、経験値から来る知識や情報をはじめ、課題に対する適正な判断などが問われます。つまり、入試も審査も見るべきポイントは同じであると考えられます。

一方、職位職制の審査は点数だけで決まるものではありません。人による審査ですから、数字では測りきれないアナログな評定も含まれます。職位職制審査では、該当する職位に求められる能力や資質が本当に備わっているのか、上級職に課せられる責任や責務に耐えうるのか、役目をこなすことができるのか、部下等の人員統率および人心掌握ができるのかといった点数には表せない部分を見極めようとします。また、今は目立った成果をあげられていなくても、その職位に就いたことで大きく開花できる将来性を持ちうるのかも想定し、緻密に審査しなければなりません。発達障害のある人がマネージャー職に就く場合には、当然、その職務をアシストする配慮が講じられるものと想定します。ただ本来、求められている職務の根幹部分を配慮によって大きく捻じ曲げてしまっても、逸脱してもよいものでもありません。昇進昇格審査は障害のあるなしに関わらず、厳正厳密な審査によって職位職制にふさわしいかどうかを問うものでなければなりません。その職務の責務等を考えると、配慮も優遇措置も考慮したうえで、確固たる基準が必要となります。

● 障害のある人のキャリア育成の理想

　一般的なキャリアアップの考え方としては、管理職に昇進することが当然のあり方ですが、今後はキャリアアップの目指すべき方向性として、新たな概念の創出も必要になります。例えば、コミュニケーション力の弱さがあっても、高い学力や技術力を活かし、クリエーターとしての実績をあげることが従来のキャリアアップと同等の意味をなすこととするなど、評価基準の刷新が求められています。

　これは発達障害だけに言えることではありませんが、当事者の障害特性によっては管理職業務に支障をきたす場合があります。障害のある人が長期的視点で就労を継続するためには、専門特化したスペシャリストや、幅広く業務に対応できるジェネラリストといったように、管理職への昇進とは異なる形でのキャリア育成の枠組みを構築することが望ましいと思います。

人事考課への配慮はどのように考えればよいですか？

A: 基本的には、既存の評価基準をそのまま当てはめることになりますが、障害のある人に対しては個別に業務上の目標設定を行い、それに対して評価をします。その際、合理的配慮によらない本質的な部分での能力を評価するようにします。

◆ 評価のための目標設定

　業務評価は仕事に携わった結果に対する指標ですから、基本的には障害のあるなしに関係ありません。どんな人にも同じように当てはめられるものです。評価にあたっては、当然達成すべき目標が事前に設定されます。その目標に対して結果を残さなければなりません。業務評価では、目標達成までの経過とその結果が吟味されることになります。

　障害のある人の業務評価を考えた場合、定型発達の人と比べて目標の置き方に注意しなければなりません。障害があっても定型発達の人と同じ目標をこなせる人がいないわけではありませんが、障害特性により努力してもできない仕事もありますし、特性の影響を受けやすく遂行が困難な仕事もあります。障害のある当事者本人が設定した業務目標と能力の落差について、自身で自覚できる場合もあれば周囲が客観的に見ないとわからない場合もあります。あまりにもハードルの高い目標設定だと、時間を費やすだけ無駄ということもあります。いつまで経ってもよい評価を得られずに、査定も待遇も上がらないという状況になるかもしれません。これでは、目標設定自体が無意味なものになってしまいます。

　業務遂行は、当然、一人ひとりに見合った合理的配慮が施されたうえでの話です。合理的な配慮は仕事をこなすにあたってのサポートですから、その前段階にある仕事をこなす力としての根幹の部分が評価の対象になります。

　例えば、障害特性として視覚認知や記憶力の弱さがあるために、

手順書の指示を１つ１つ、その都度読み上げることを配慮として提供している場合、指示通りに業務を実行し完遂することが目標であり、評価の対象です。サポートされても指示通りにできなければ、評価は下がります。人事考課のためには、何を目標とし、評価対象とするのか区分けしておかないと、提供する配慮も評価対象になってしまいます。この例の場合、実際には毎回読み上げを行うことは支援の負担増となりますから、恒常的な配慮（合理的な配慮）として捉えるかどうかは、それぞれの職場の事情により異なるでしょう。

　人事考課では、当事者本人が仕事をこなすうえで発揮すべき本質的な部分を評価しなければなりません。そこには合理的配慮が直接関与していません。ただ、明確に配慮が関与しない部分を区分けすることは難しいので、任せる業務を細かく分け、それぞれに達成すべき成果の内容や数的目標を決め、評することを双方で取り決めておくようにしましょう。

◉ 配慮はコストか？

　さらに、待遇面のつり合いにも注意が必要です。障害者雇用では、相対的に見て実績の割に高すぎる待遇であったり、反対に低く抑えられていると思われる待遇だったりします。あまりにもアンバランスだと、障害を理由にした差別的な待遇と捉えられる可能性もあります。

　労働条件や雇用契約に関しては、障害のあるなしに関係なく、労働基準法や労働契約法などの法令で決められている通りでなければなりません。多くの企業では、障害のある人に対して既存の給与待遇制度をそのまま当てはめていますが、この部分は各企業の考え方により対応が変わってくるところです。

　なかには、配慮をコストとして捉える企業や職場もあるかもしれません。どう捉えるかはその事業体ごとの考え方ではありますが、道義的に問われるようなことがないことを願うものです。

Q 当事者から、何度も配慮変更の申し出があった場合には、どうすればいいでしょうか？

A: 障害のある人が入社後、実際に業務にあたってみて思うような成果が出ないとき、配慮事項の見直しを検討すべきでしょう。ただ、度重なる配慮の申し出には注意が必要です。企業にとって「過重な負担」とならない範囲での対応を試みます。場合によっては配置転換も対処の１つです。

● 調整を重ね、最適な配慮を

　障害のある人の採用が決まったら、最初に当事者から就業上の配慮について要望があり、企業との間で協議を行います。協議の末、配慮内容が決まったら、実際に現場で実施されることになります。その後、業務実績があがらないとか、配慮内容が適合しないなどの理由で、再度協議の申し出があるかもしれません。

　双方協議のうえ、配慮を取り決めたとしても、当初の想定通りにならないこともあります。当事者本人も、もう少し手を加えた方がいいとか、もう一度考え直した方がいいのではという思いに至ることもあるでしょう。その場合には、配慮について再度の申し出があってもおかしくありません。一度協議して決めたのだから二度と協議しなくていいとか、最初に決めた配慮以外は提供しないということは、法的にも道義的にも思わしくないことです。障害のある人の申し出をきちんと受け、検討・協議を行う必要があります。

● 配慮提供を求められないとき

　ただ、何度も配慮変更の申し出があった場合にはどこまで対処すればいいのか、どこまで提供することが最良なのか、目途が立たないのではないかと危惧する方もおられるでしょう。際限のない要求が理不尽な訴えとして捉えられてもおかしくありません。

　当事者は企業からの配慮に対して完璧を期すほど期待しているかもしれませんが、現実問題、必ずしもすべてにおいて条件を満たせ

るとは限りません。各法令や規約等の解釈は多岐にわたりますが、合理的配慮については、元となる障害者権利条約のなかで「行政機関等及び事業者の事務・事業の目的・内容・機能に照らし、必要とされる範囲で本来の業務に付随するものに限られること、障害者でない者との比較において同等の機会の提供を受けるためのものであること、事務・事業の目的・内容・機能の本質的な変更には及ばないことに留意する必要があります」と定義されています。つまり、合理的配慮の提供によって業務内容に本質的な変更がないものとされているわけです。仕事には、本人の職務として求められる役割、課せられたミッションがあり、それ自体は配慮を加えてはならない、変えてはならない本質的な部分となります。当事者に課せられた業務上のミッションを達成するために、その周囲で配慮を講じるというのが基本的な考えとなっています。

　雇用においても同様のことが謳われ、合理的配慮指針のなかで「中途障害により、配慮をしても重要な職務遂行に支障を来すことが合理的配慮の手続の過程において判断される場合に、当該職務の遂行を継続させることなどが合理的配慮として事業主に求められるものではない」とされています。障害により本来の業務が損なわれる場合には、それ以前の業務の継続を配慮として求めるものではないとする例として挙げられています。

● 過重負担とは？

　他にも、事業主の「過重負担にならない」ことも合理的配慮提供の要件の1つです。申し出に対応できる配慮が複数あった場合には、当事者の要求を尊重し協議したうえで、提供しやすい配慮を事業主が選んで行うことも許されています。

　記憶力の弱さなど、障害程度が著しく重い場合には、配慮としてマニュアルや手順書を用意しても、それ自体の存在や書かれた内容をすぐに忘れてしまい、1つ1つの手順に対する指示者の合図など直接的な手助けがあっても業務に取り組めないことがあります。その場合、障害のある人に代わって周囲の人が仕事をこなすことにな

れば、当事者に課された業務上のミッション、職務という本質的な部分が変わってしまうことになります。

このような状況にある場合には、企業と当事者の間で、双方協議のうえ決まった合理的配慮であっても、事業主の義務としての配慮提供を求めるものではないと捉えられます。

また、配慮があっても障害のある人が成果を出せないでいる場合、納期など業務遂行上の制約に触れたり、サポートのために配置するマンパワーやコスト面で負担が大きいと判断されるかもしれません。これらは「過重な負担」として捉えられ、限度を超えた配慮となります。他にも、障害のある人のなかには自省自戒することなく、仕事ができない原因は、低い指導力や配慮の欠如にあると、他責を訴える人もいます。

◆ 定期的な面談で配慮の過不足を確認

企業と障害のある人との間で、配慮について協議する場合には、様子を見ながら微調整を行うものとしても、あらかじめ過度な要望にならないように示唆しておくことも必要です。

最初に提供した配慮がうまくマッチした場合には、内容の見直しが行われないまま、据え置かれてしまいます。提供した配慮内容についても、いつまでもそのままでいいとは限りません。時間が経過すれば就業年数も伸び、慣れも出てくると同時に、障害のある人自身にも身体的な要因を含めた変化が出てきます。就業当初にマッチした配慮は、時間経過とともに最適ではなくなってくるのです。このことは、うまくマッチしたときこそ忘れがちになります。

定期的な面談の折に配慮事項に不具合がないかどうか、ヒアリングや再調整の機会を設けることが望ましいと思われます。このような事案は実際に起こり得ることです。その場しのぎの安易な対処法だけを考えるのではなく、長期的に思慮深く考えていかなければなりません。

参考文献 ▼▼▼▼▼▼
川島聡・飯野由里子他 ● 『合理的配慮──対話を開く、対話が拓く』有斐閣. 2016.

Q 配属先の環境調整として、気をつけないといけないことはありますか？

A: 障害特性に応じた様々な配慮の形があります。仕事そのものが支障なくこなせるように、道筋を整えてあげることが一番に挙げられます。

第二に、周囲の人との間で意思疎通に齟齬が生まれないようにすることが求められます。無意識のうちに当事者に働きかける気遣いや見守り意識が、配慮の根底を支えていると理解してください。

◆ 意思が交わせる環境整備を

第1章でも述べられているように、発達障害のある人の障害特性による困難さを理解し、それぞれの場面に応じた配慮を行わなければなりません。

他章でも触れているように、発達障害のある人には感覚、記憶、認知の機能にズレがあり、周囲が不適切と捉える言動があります。就業にあたっては、企業との間で合意形成して決めた合理的配慮を実行しますが、それだけですべてがうまくいくとは限りません。事前に取り決めた配慮はあくまでも想定の話なので、実践すれば不具合が起こります。その場合には、配慮の実施内容にアレンジを加えて微調整するなど、柔軟な姿勢や行動が必要です。実践のなかから生まれる当事者本人の声や本音をうまく引き出し、活かしていかなければ、完成形には近づきません。

このような環境整備のためには当事者に対して、「このやり方で大丈夫ですか？」と念押しの確認をしたり、「もう少し時間をかけてやってみようか？」と対処方法を積極的に提案したり、「大変だったね。他のやり方を考えてみようか？」と共感や承認を示します。

発達障害のある人の声を引き出しやすい、また、当事者にとっては声を発しやすい関係や環境を構築しようとする姿勢を表現していくことが大事です。そして、周囲の人は配慮提供の際には、何事が起こっても臨機応変に対応していく、焦ることなく諦めることなく

冷静にじっくりと落ち着いて当事者に向き合う心構えをもっておいてほしいと思います。

◆ 配慮を活かすための気遣い

　繰り返しになりますが、合理的配慮は就業に当たって必要なものであるのは確かなのですが、それだけあれば十分かと言うと必ずしもそうではありません。発達障害のある人は業務に従事している間だけ障害特性に苦しんでいるわけではなく、就業時間外の人間関係や、日常生活を含めた様々な場面で困難さに出会います。とは言え、支援員や保護者が四六時中付き添って手助けできるわけではありませんから、精神的に不安定になったり、パニックで不用意な言動をとってしまうことがあります。そのような状況に陥らないようにするためには、管理職や周囲の人の気づきや意識によるところが大きいのではないかと考えます。

　例えば、発達障害のある人が業務中、何らかの困り事に直面して周囲に助けを求めるとしても、どの段階で助けを求めることが妥当なのか、どんなタイミングでアピールすればいいのか、応援要請の判断が上手にできない人もいます。厳密に言えば、助けを求めるために、自分の意思をどういうふうに伝えたらいいのか、伝えるべき内容をうまくまとめられず、ヤキモキしながら右往左往していることがあります。そんなとき（感覚によるところもありますが）、「ちょっと様子が変だぞ？」とか「何か気になる…」と周囲の人が微かな異変を感じ取り、当事者へ働きかけることが具体的な配慮へとつながります。

　発達障害のある人と企業との間で、提供される配慮についてあらかじめ取り決めておくことはもちろん大事なことです。しかし、それ以前に当事者に対する周囲の温かい視線や気遣いがあってこそ、配慮提供がうまく機能するのだと感じます。このように、明文化しにくい見守り意識や気遣いが配慮の底辺にあるものと、周囲の人は強く感じてほしいと思います。

Q 発達障害のある人に対して、口頭で丁寧に指示を出していますが、理解できていない様子で困っています。

A: 聞き取りの弱さなど障害特性の程度に個人差があると同時に、習熟の早さや程度にも個人差があります。指示の仕方や方法を少しずつ変えて調整し、当事者にとって何がネックになっているのかを見つけだし、一人ひとりに合った最善の方法を構築していくようにします。

● 指導方法は 1 つではない

　「聴覚優位／記憶力の弱さ」といった障害特性をもつ発達障害のある人に対して指示を出すときには、わかりやすい言葉で、丁寧に細かく区切りながら、ゆっくりと伝えるように意識します。しかし、それでも指示が思うように伝わらないという嘆きを耳にすることがあります。途中で作業内容を忘れてしまい、立ち往生してしまったり、想定とは全く違う結果になってしまうことも多々あります。

　指示したときには、返事もしっかりしていて、理解できたと自信をもって答えるものの、結果は残念ながら芳しくありません。時には（指示を）言った言わないの水掛け論にまで発展しかねません。上司だけでなく、当事者本人も落ち込み、メンタル面も不安定になるなど、お互いの心身の状態が悪化します。

　障害特性に配慮して対応しようとする姿勢はすばらしいのですが、考えた対応方法が誰においても正しいとは限りません。職場の発達障害のある人に記憶力の弱さや聴覚過敏の特性があったとしても、程度や特徴には個人差があるため、冒頭の Q. のような対処で全員に対応できるとは限りません。発達障害のある人にとって、指示がわかりやすくなるようにと、指示内容を細かくプロットに分けても、一度に伝えようとすると記憶容量はオーバーフローしていたり、情報の聞き取りに追われて、理解が追い付いていない可能性があります。意味もわからず詰め込むだけ詰め込んで、破綻してしまったとも考えられます。人によっては、指示内容を小分けにしても、

つまりスモールステップにしても、ステップを積み上げた先のゴールが高すぎれば、越えられない目標になってしまいます。指示されたことを忘れないようにメモをとろうとしても、書くことに集中してしまい、肝心の中身を理解していないかもしれません。

　こういった場合にとるべき対処の１つとしては、時間的な猶予を与え、１つ１つの指示について、その意味を説明し、理解できているか反対に解説してもらうなど、やるべきことを当事者のなかで腹落ちさせる作業が考えられます。または、管理者が"やってみせる"という手本を示すことも大事です。それも相手の理解度に合わせて、一挙手一投足をじっくり見せること、そして手本の通りに"やってもらう"ことが習熟までの近道になるかもしれません。手間と時間はかかるかもしれませんが、何度も繰り返して自分のものにしてもらうようにします。

● 指導方針にも相互理解を

　発達障害のある人に対する業務指導は、通り一遍の方法では通用しません。試行錯誤しながら調整し、一人ひとりの当事者に合わせた最適な対処方法を導き出すことが最善の策です。

　また、当事者本人にも対処内容と指導方法を事前に説明し、納得してもらわないといけません。理由もわからず上司の指示がころころ変わったりすると、自分のことを理解しようとしていないなど、疑心暗鬼に駆られ、離職などのトラブルに発展するかもしれません。指導内容の急な転換は、発達障害のある人にとって大きなストレスです。心身ともに疲れ果ててしまうかもしれません。事前の説明と、それによる気持ちの変化がないかなど、その都度、様子をうかがいながら進めていくことが望ましいでしょう。

　いろいろな対処を試みても、どうしても伸び悩んでしまうこともあります。本人にとって一番つらく感じることではありますが、周囲は時間を要する成長を気長に見つめることが大事です。また、ジョブコーチ等の外部支援を導入するなど、第三者の視点から見直すことも１つの方法です。

Q 日常会話はできるのに、電話対応はできません。どんな配慮が必要でしょうか？

A: 発達障害のような脳機能障害は見た目にはわからず、誤解を受けやすいところがあります。不得手な業務を行うことには相当な負荷がかかります。本人にとっては新たなチャレンジになるとも言えますが、無理強いをさせることは賢明ではありません。

● 障害特性に合った業務

　著者が受けたある相談内容からご紹介します。「採用時に障害特性により苦手な電話対応は避けたいと配慮の申し出がありました。当初はその意向を汲んでいましたが、就業中、他の社員が不在のときには取次ぎだけでもしてほしいと考えるようになりました。苦手なことは避けた方がよいと思いつつ、練習すればできるようになるかもしれませんし、任せてみてもよいでしょうか？」

　もしも、「電話対応」が求人内容および雇入れ時の労働条件にない場合には、問題が生じる恐れがあります。労働契約を確認するなど注意しましょう。

　上記の相談の場合、雇用する側の考えとしては、日常会話は何不自由なくこなしているのだから、何度か練習すれば電話応対もできるのではないかと感じている様子です。最初から完璧を求めているわけでもないし、多少の失敗も経験になり、何とかなるのではと楽観的に見ている部分もあります。さらには、障害のせいにして自分にはできないと思い込んでいるだけなのではないか、なかには障害特性があること自体が疑わしいと考える管理者もいるかもしれません。聴覚認知や記憶力という脳機能の障害は、見た目にはわからず、周囲の人はその困難さを感じられないため、誤解を受けることが少なくありません。

　発達障害のある人が電話対応に取り組んでみた場合、最初はうまく処理できるかもしれません。しかし、聞き漏れがないようにと神経をすり減らし、心身ともに疲弊して体調を崩してしまう恐れがあ

ります。先方に突拍子もないことを尋ねられ、どうしていいかわからず、パニックからフリーズ状態に陥ってしまうこともあるでしょう。このまま同じ仕事をするのであれば…と先々に不安を感じ、離職につながる可能性もあります。関係がこじれれば、障害者への配慮のない職場として虐待通報されるかもしれません。

当事者から申し出のあった配慮事項は、それを尊重して取り組まなければなりません。また、支援機関等から提示された障害特性の診断結果も、配慮のための根拠として受け止める必要があります。

● 当事者の可能性を拡げるには

当事者の職能領域を拡げてあげたいという思いから新たな業務を任せるとしても、いきなりすべてを任せるのではなく、最初は少しずつ業務を切り出し、段階を追って可能な範囲から徐々に任せることが望ましいです。失敗しても他業務への影響を少なくするリスク管理も必要です。電話対応の場合には、取次フローを取り決め、トラブルシューティングや周辺フォローを整えておきます。本人も交えて取り決め、安心と納得をしてもらうように努めます。

また、障害特性から当事者が苦手とする業務をやらせることは嫌がらせと勘違いされますから、任せる意味も必ず説明します。本人が嫌がるのにもかかわらず無理強いすることは危険な行為です。

また、周囲の理解は必ず必要です。担当業務の内容や支援の理由をきちんと説明し、取り組み方を周知します。一方、(できないのに)「できます」と安易に答える当事者もいます。例えば、コミュニケーションや対人関係の構築が困難であるのに営業職を希望する人もいます。自身の障害特性がわかっていないため、間違った方向に進もうとしているのです。また、障害特性をわかってはいても、強いこだわりから、進路を曲げることができない人もいます。こうした場合には、業務中に挫折して初めて不向きだったと自覚することになりますが、そのとき本人が被る負担や犠牲は大変大きいです。このように、発達障害のある人は障害特性に見合った仕事でなければ、長く働き続けることが難しいでしょう。

Q: 突拍子もない発言で周囲に迷惑をかけることがあります。注意したいのですが、どうしたらいいでしょうか？

A: 障害特性による衝動性や社会性の乏しさに加え、社会人経験の浅さから、場にそぐわない言動をしてしまうものと考えられます。こうした場合には、個別に注意指導が必要です。やってはいけない言動事例にその理由を添え、繰り返し教育していきます。

● 衝動性と未熟な社会性

　発達障害のある人のなかには、稀にその場にそぐわない話をしたり、失礼な言葉を投げかけたりする人がいます。例えば、女性に対して身体的特徴を指摘したり、交友関係を問うたりします。他にも上席者に対して、感情に任せて不平不満を投げかけたり、不適切な言葉遣いをする人もいます。採用面接の際には、根拠のないネット情報から会社の評判について質問したり、業績状況を根掘り葉掘り聞きだそうとする人もいます。面接は、応募者である自分が見極められる場であって、企業を見極める場ではないことを理解していないのではないかと感じます。面接官が応募者にこのような言動を注意することはあまりありません。残念ですが、こうした言動をとってしまう発達障害のある人は、自身の行動の過ちに気づくことがないままでしょう。別の見方をすれば、支援員の存在やその支援の質が見て取れるかもしれません。

　このような突拍子もない言動は、障害特性である興味の幅の狭さ、社会性・社交性の低さと、興味優先の衝動性によるものと考えられています。相手の事情や周囲の状況に興味がないため、意識を向けることもなく、その場その場の気分や思考の思うままに行動してしまいます。そのため、相手を傷つけていることも理解できないかもしれません。思いついたことは口にしないと気が収まらないところもあります。その特性を自覚している人もいれば、気づいていない人もいます。自覚している場合でも、うまくコントロールすることができず、後になって自分の行為を後悔して落ち込んでしまうので

す。

　自身の障害特性を自覚するしないに関係なく、社会人として生活していくために身につけておくべきマナーを知らない、または教えてもらっていないのかもしれません。場に即した会話や行動、TPO に則った言葉遣いなど、日常生活・ビジネスマナーに関する指導教育が必要です。このように、発達障害のある人の突飛な言動の背景には、障害特性と指導教育の機会の少なさ等、その双方が関係しているとも考えられます。

● リスク教育の必要性

　このような不適切な言動は、今日では相手に対する（モラル／セクシャル）ハラスメント行為と受け取られてしまう可能性があります。さらに、法規的には職場を混乱させたとして、服務規程違反、もしくは職務専念義務違反にもなりかねません。場合によっては軽微な処分もあるでしょうし、度重なればもっと重い処分もあり得ます。そうなれば、発達障害のある人にとって大変大きなリスクを背負うことになります。発達障害のある人にこのような社内規定を説明するときは、ネガティブ思考をはたらかせて大げさに恐縮したり、自暴自棄に走ったりすることのないように、それとないリスク説明にとどめておくことが望ましいと考えます。

　社会人としてのマナーは、障害のあるなしに関係なく、人が集う場で守らなければならない約束事です。定型発達の従業員も同様に、障害のある人を排他的に取り扱うことのないようにしなければなりません。必ずしも、発達障害のある人みんなに不適切な言動があるわけではありませんが、雇入れ時の新人教育のタイミングや、問題行動が起きたそのときに別室に招き、個別に注意指導します。ハラスメント事項を中心に職場での禁句事項を決めておいたり、気になることがあれば、身近にいる人や、指定した人（例えば、直属の上司や障害者職業生活相談員、外部なら支援機関の支援員やジョブコーチなど）に個別に尋ねてみるというルールを設定してもいいでしょう。

Q 仕事に集中したいので、耳栓をしたいと言われました。許可してよいのでしょうか？

A: 職場内での耳栓の使用に特に問題がないのであれば、許可すべきことでしょう。ただ、使用に当たって細かな取り決めが必要になるかもしれません。また、周囲の理解を得るためにも、きちんと周知しておくことが望ましいです。

● 人間関係に左右される配慮

　聴覚過敏の障害特性をもつ発達障害のある社員から、就業時に自前の耳栓の利用について、その使用許可を求めるものです。聴覚過敏の人は、周囲のすべての音を認知してしまい、そのなかでも必要な情報とそれ以外のものとの識別ができず、疲弊してしまうという特徴があります。耳栓の使用について少し変わった申し出のように感じる方もいらっしゃるかもしれませんが、発達障害のある人が働く職場ではよくある代表的な事例です。

　定型発達の人も、仕事に集中したいときには一時的に自席を移動し、静かな環境で職務に当たることがあると思います。同様に、発達障害のある人は耳栓やイヤーマフなどを使用することで、集中できる環境を自ら作り上げようとしているのです。ですから、業務や職場運営、職場の不文律等に特に差し障りがなければ、耳栓の使用を許可しても問題ないと考えられます。

　聴覚過敏の障害特性がある人は、脳内に取り込まれた音声情報のうち雑音を遮断するとか、特定の音だけ取り出す（人混みでの会話等）ことが困難で、すべての音を吸収してしまい精神的に苦しんでいます。聴覚だけでなく視覚過敏や触覚過敏など、感覚過敏のある人は、視界に入る動体や身体接触なども刺激と捉え、過敏に反応してしまいます。就業中だけでなく、日常生活でも刺激回避または軽減のために、メガネや衣服に気を遣っている人がいます。

　感覚過敏への配慮提供の事例として他には、視覚過敏の人の場合には、集中しているときはパーテーションで視界を遮りたい、視界

に入るようなことをしないでほしいという申し出が考えられます。集中を削がれることを異常なまでに嫌がり、不機嫌になることもあります。

　周囲の人は、他愛もない雑音に本当に耳栓なんて必要なの？　と思われるかもしれません。当事者によっては、気に障る声や物音を発するのは周囲の人たちで、自らの不快の根源でもあると飛躍した解釈をすることもあります。こうした考え方は、周囲の人にとって、決して気持ちのいいものではありません。日頃の人間関係が良好であれば問題は起きませんが、周囲の人の障害理解が不足していたり、職場の雰囲気によっては、耳栓の使用が大きな溝や亀裂を招くきっかけとなり、その後の理解や協力を得にくくなることがあります。

　適切な配慮提供のためには、職場の人間関係が良好であることが欠かせません。そのうえで、耳栓の使用について、障害特性からの理由であることを周囲に伝え、理解を得ることが必要でしょう。

● 最善なる対応は当事者のみぞ知る

　感覚過敏をもつ発達障害のある人に対して、緊急時や急務の呼び出しを伝えるにはどうしたらいいのでしょうか？　声をかけることも、肩をたたくことも、メモを横から見せることも、業務に集中している当事者にとっては、すべて邪魔な刺激に値し、何をしても不快極まりない行為と見なされてしまいます。そこまで気を遣わなくてはいけないのかと思われるかもしれません。緊急時など状況の優先順位を考えると、配慮をも上回ることですから、当事者にとって不快な行為でも許されるだろうと考えがちですが、後々にトラブルとならないように事前にルールを定めておくとよいでしょう。

　緊急時など、就業中にどうしても知らせなければならないことがある場合、その最善の伝達方法はやはり発達障害のある人、本人に決めてもらうしかありません。本人にとってはタブーなことでも、業務上、あるいは職場にとって必要不可欠なことがある場合、不快でも許されるのか、許されないことなのかについての取り決めは、就労定着のうえでも大事な判断基準になるでしょう。

SPIS による体調管理と
発達障害の特徴のあらわれ方

SPIS 研究所 **宇田亮一**

SPIS とは？

　SPIS は大阪の IT 企業、奥進システムが開発した"現場"生まれの精神障害者就労定着の枠組みです。"現場"生まれとは、社長と社員（統合失調症当事者）とが、"現場"で作った枠組みであるという意味です。この枠組みはたいへん効果があることから、2012 年から一般の企業、就労移行支援機関でも利用が始まり、今では公的機関においても活用されています。

　発達障害への適用は、2014 年から始まりましたが、その特徴については後で述べることにして、ここではまず SPIS の概要から説明していきます。

　SPIS は簡単に言えば「Web 版の業務日報」です。ただ、業務日報と SPIS とは"形式"が似ているのであって"内容"はまったく違います。"やり取りされる内容"が違うのです。業務日報では"事柄のやり取り"が多く、SPIS では"気持ちのやり取り（対話）"が多くなります。

　具体例を挙げると、一般的な業務日報の場合、「今日は目標通り、作業を行うことができた」……といった記述が多くなりますが、これに対して SPIS では「今日は気持ちの揺れが激しくつらかったが、心配をかけるといけないと思って黙々と手を動かしていた」……といった記述が多くなります。

　なぜ、SPIS を利用した日報では"対話"が多くなるのでしょうか。それは、気持ちのやり取りが当事者の"孤立感"を緩和させるからです。精神・発達障害のある人が就労定着するうえで最も大事なことは、職場という集団関係のなかで、当事者が孤立することなく、チームの一員として気持ちよく働けることなのです。そして、そうした周囲の人たちとの関係構築のために必要となる"対話"の時間的目安はおよそ 6 ヶ月間です。当事者が 6 ヶ月間、SPIS を通して自らを開示し、それを踏まえて、職場担当者や外部相談員とのやり取りを日々繰り返すことで、会社のなかに自分

の居場所を作っていくのです。ただ、最近では当事者の方にも企業の方にも、もう少し長いスパンで SPIS を活用し、データを数年にわたり蓄積したいという考え方が広がっており、6 ヶ月を超えて、継続して利用されるケースも増えています。いずれにしても、ある期間、当事者が集中的に自分自身と向きあい、そのことを信頼できる職場担当者や外部相談員に自己開示し、対話を繰り返すことで就労が安定する、ということは様々な組織に広く浸透してきています。次に、もう少し細かく「SPIS の特徴」を見ていきましょう。図 1（p.107-p.108）をご覧ください。

SPIS──3 つの特徴

図 1 の SPIS「3 つの特徴」として、①日々の「セルフチェックと自己開示」、②「見える化」、③「三者の対話」を説明します。

【ステップ 1】日々のセルフチェックと自己開示について

SPIS では日々、当事者がセルフチェックを行いますが、セルフチェックの内容には共通項目と個別項目の 2 つがあります。まず共通項目から説明します。共通項目は、いわゆる一般的な業務日報とかなり項目が重なりますので、①②④は説明を割愛し、ここでは③⑤だけを説明します。

表 1 ●SPIS の入力項目

```
・共通項目
①出勤、欠勤の区分
②出退勤時間
③服薬情報
④就寝時間・起床時間
⑤当事者コメント欄

・個別項目
⑥セルフチェック項目
```

◎服薬情報

服薬情報では、当事者が服薬している薬の内容をマスターに登録しておくことが可能ですが、登録するかどうかは当事者の判断に任せています。一日の業務終了後、SPIS には、薬をいつ飲んだかを入力します。図 1 の例でいえば、山田花子さんは 10 月 1 日、就寝前、朝に加え、頓服を服用したことがわかります。服薬情報のなかでも特に重要な情報は頓服の服用で

す。当日の当事者を理解するうえでの１つの大きな手がかりになります。

図１ SPIS の仕組み

Web 日報システム「SPIS」とは？

ＳＰＩＳは精神・発達障害を持つ方やメンタル不調の方向けの雇用管理システムです。個人の特性に合わせて評価項目を設定できる日報形式のシステムになっており、働く当事者それぞれの特性に合わせて項目設定した日報を、関係者間で共有します。

Step 1 体調面、精神面の状態を日々、簡単なフォームの日報に入力します

生活面・社会面・仕事面などの視点から評価項目を設定し、「良い」「悪い」を４段階で入力します。項目は自分で考え設定することができます。また、自由記載の出来るコメント欄も備わっています。

エスピス株式会社　山田 花子さん

2018 10月 01（月）　**山田 花子**　担当：(担) 鈴木二郎、(担) 田中愛子、(支) 小林由香

出欠	出席　欠席
出退勤時刻	出勤 09：00 ～ 退勤 18：00
服薬情報	前夕　就寝前　朝　昼　頓服 *複数選択可
頓服詳細	リーゼ（クロチアゼパム）　5 mg
就寝時間・起床時間	就寝 22：30 ～ 起床 6：30

当事者用評価

ジャンル	評価項目	評価 よくない(1)—よい(4)
生活面	朝までぐっすり眠れた	1 2 3 4
生活面	頭痛	1 2 3 4
社会面	自分の気持ちを素直に表現できた	1 2 3 4
仕事面	焦りを感じる	1 2 3 4
仕事面	ミスがないか確認できた	1 2 3 4
仕事面	休憩を申し出ることができた	1 2 3 4

当事者コメント	今日は、天候が悪く、気圧の変化が激しかったので、頭痛がしました。午前中は頑張れたのですが、午後は初めての業務を教えてもらう場面で、教えてもらったことが、一部理解できませんでした。何度も質問しては悪いと思い、わからないまま退社したので、気分が重いです。
担当者からのコメント 10/01 変更 鈴木 二郎	今日は雨も激しくて、出勤するだけでも大変でしたよね。新しい業務説明は、私が理解のペースをもっと確認すればよかったですね。明日の午前、もう一度ゆっくりおさらいしてみましょう。今週もあと１日。週末休みを楽しみに、一緒にがんばろう(＾０＾)
担当者からのコメント 10/01 変更 田中 愛子	頭痛は本当につらいですね。キツイ時は、休憩コーナーで少し休んでください。 頭痛持ちの私も昼休憩に少し眠ったら楽になりました。 自分からは言い出しにくいかもしれないので、明日は私から声をかけさせてもらいますね。
支援者からのコメント 10/01 変更 小林 由香	SPIS で困ったことを伝えることができて良かったですね。充分に理解できていないまま、仕事を進めるのは誰でも不安です。新しい業務に取り組むときは、こまめに確認したり休憩を取れると良いですね。今日はとても疲れたでしょうから、早めに入浴をして、好きな音楽を聴くなどリラックスし、明日に備えてください。

Step ② 自己評価点の推移は、グラフ表示機能によって簡単に「見える化」できます

自己評価点の推移をグラフ化することで、体調面、精神面のアップダウンが一目瞭然となります。これによりご本人に声がけがしやすくなり、季節や月、週の流れやその時の出来事を一緒に振り返る事ができます。

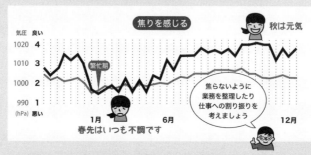

Step ③ 自由記載コメント欄で日々の出来事や感情を共有します

職場で起きたことや感じたことは、自由記載コメント欄に記入できます。顔を見て話すことが難しい人でも、日報でならその日の内に職場の人に伝えられます。また、支援つきでのシステムご利用の場合、臨床心理士や精神保健福祉士などの専門家から的確なアドバイスももらえますので、ご本人は翌日もすっきりした気持ちで職場に向かえ、職場の方もご本人との接し方などへのヒントが得られます。

◎当事者コメント欄

　もうひとつ、（SPIS の共通入力項目）⑤の当事者コメント欄について説明します。通常の業務日報でもこうした記入欄は用意されていますが、前述した通り"事柄"を記入することが多くなります。これに対して、SPIS では"自分の気持ち"を書くことが多くなります。では、なぜ SPIS では気持ちを自己開示できるのでしょうか。

　それは、SPIS での日々の報告を通じて対話が深まっていくからです。この対話の深まりについては【ステップ3】の「三者の対話」の項で説明することにして、ここでは、続けて SPIS の個別入力項目、セルフチェック項目について説明します。この項目は SPIS の際立った特徴を示しています。

◎セルフチェック項目

　SPIS のセルフチェック項目は、当事者が自らの心身が崩れる兆しを整理し、自分自身で項目を設定します。

　図1でいえば、山田花子さんは「朝までぐっすり眠れた」から「休憩を申し出ることができた」までの6項目が自分の体調管理に重要と考えていて、それを業務終了後、日々、チェックしているということです。これら6項目は山田花子さん自身が選んだ、山田花子さん固有の項目だということになります。そして、これこそが重要なのです。

　通常の業務日報のセルフチェック項目には、統合失調症の項目、双極性障害の項目、発達障害の項目……といった標準化された項目があらかじめ用意されていることが一般的です。そのため、当事者はどうしても"自分のため"のチェックではなく、"言われたからやっている"仕事としてのセルフチェックになりがちですが、SPIS のセルフチェック項目は"自分が決めた自分のための"セルフチェックなのです。

　そのことは単に項目内容だけでなく、項目数についても言えます。図1で例に挙げた山田花子さんの場合は6項目ですが、セルフチェックの項目数は当事者が自分で決めます。ただし、日々チェックすることになりますので、経験的には項目数は3〜7項目程度が望ましいという目安を当事者の方にお伝えすることになります。

　繰り返しになりますが、こうしたセルフチェック項目設定の仕方は、項目内容自体が当事者の"悩み"に直結するだけではなく、当事者が、

SPISに対して、日々、自分のために主体的に取り組むことにもつながるため、非常に大きなメリットがあるのです。

　もう一点、説明しておきたいことは、セルフチェック項目の評価の仕方です。SPISでは、評価「1」（非常に悪い）から評価「4」（大変よい）の4点法で評価します。5点法にすると、どうしても「3（どちらとも言えない／普通）」に評価が集中する中央化が起こるので、4点法でチェックし、どちらかといえば"いいのか""悪いのか"を、当事者にとっても支援者にとってもはっきりわかるようにしているのです。

【ステップ2】見える化

　ステップ1で述べたセルフチェックの結果は、時間の経過（1ヶ月、3ヶ月、6ヶ月……）によってグラフ化が可能となります。これが"見える化"です。

　ただ、単に"見える化"することが大事なのではなく、そのことによって当事者理解が深まり、当事者の抱えている問題を解決する糸口が見えてくることが大事なのです。ここでは、そうした事例を1つ説明します。

図2●セルフチェック項目の見える化

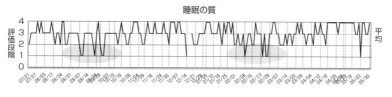

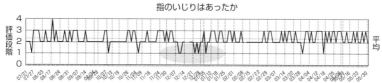

　図2は統合失調症の方（Aさん：30代男性）の約1年間のセルフチェック結果の推移を示しています。Aさんは日々、8項目をチェックされていますが、ここではそのうち2項目（「睡眠の質」「指のいじりはあったか」）について説明します。グラフ表示は、上の「（評価）4」が"大変よい状態"であり、下の「（評価1）」が"非常に悪い状態"を表しています。

この視点でグラフをあらためて見ていただくと、Ａさんのグラフのアップダウンには特徴があることがわかります。その特徴は"非常に悪い状態"（評価１）に注目して見ていただくと、さらによくわかります。図２はその部分を楕円のマルで囲っていますが、すぐにわかることは「睡眠の質」と「指のいじりはあったか」のグラフでは"非常に悪い状態"の時期が全く異なっているということです。「睡眠の質」は夏から秋、冬から春の季節の変わり目で"非常に悪い状態"になりましたが、「指のいじり」は真冬が"非常に悪い状態"でした。

　まず、「睡眠の質」から説明します。関係者が集まってこのグラフについて話しあったとき、一番はじめに驚いたのは実は当事者Ａさんでした。「あぁー」と言われたあと、続けて「そういえば……そっかぁ！」と言われました。Ａさんは自分自身の睡眠に季節循環性があることを認識していなかったのです。認識していなかったというのは少し言い過ぎかも知れません。うすうすは気づいておられたのですが、そのことをはっきり自覚したのが、このデータを見たときだったのです。

　Ａさんは睡眠における自らの問題点がはっきりすると、すぐに問題解決に向けて行動されました。現在、Ａさんは夏から秋、冬から春の季節の変わり目になると、自分が好きなラベンダー系のアロマを部屋に置いたり、人工的な採光（夜が次第に明けていく状態を人工的に作り出す）を調整したりして、この時期の睡眠の質向上に努めておられます。

　一方、「指のいじりはあったか」は全く別の動きでした。ところで、このセルフチェック項目は、ちょっと奇異な感じがすると思います。というのも、"指のいじり"をわざわざセルフチェックするというのはあまり聞いたことがないからです。ただ、Ａさんにとっては、この項目はとても大事なセルフチェック項目でした。Ａさんは時折、"指いじり"をものすごい強さと速さで行うため、指先から血が出て痛くてたまらなくなる程でした。そして、それはＡさんだけの悩みではありませんでした。職場の同僚も、Ａさんの指先が血で真っ赤に染まり、血がしたたり落ちるのを見ることは痛々しくて大変苦痛だったのです。そのため、Ａさんの"指いじり"が激しくなると同僚は「Ａさん、また始まったよ！ やめなさい！」と声をかけていました。

　そこで、SPISのセルフチェックで、どういうときに"指いじり"が起きるかを探ることになったのです。ただ、この項目のグラフは睡眠と同じ

傾向をたどりませんでした。"指のいじり"は真冬にひどくなっていたのです。

　SPIS関係者で話し合った結果、「この年の冬、新しい仕事としてAさんが"年末調整"を始めた」ことと、"指のいじり"への評価の悪化が関係していることがわかりました。つまり、「指のいじりはあったか」は睡眠系の項目とは全く違って、仕事のストレスが直接、そこにあらわれていたのです。

　ただ、このストレスは単に仕事が増えた、ということではありませんでした。"年末調整"はAさんにとって初めての仕事ですから、Aさんにとっては"わからないことだらけ"で当然なのですが、Aさんは一度教えてもらったことを繰り返し聞いてはいけないと思いこんでいました。そのため、身動きが取れなくなっていたのです。その苦しさが"指いじり"としてあらわれていたのです。そのことがわかると、職場の同僚の態度が変わりました。これまで"指いじり"があると「Aさん、また始まったよ！やめなさい！」と言っていた同僚が「Aさん、仕事で何か聞きたいことがあるんじゃないの？」「Aさん、何か手伝おうか？」と声をかけるようになったのです。つまり、"見える化"によって、これまでとは違う問題解決の方向性が職場全体で文字通り、"見えてきた"のです。今、Aさんはこの職場で生き生きと働いておられます。

【ステップ3】三者の対話

　SPISの3つ目の特徴は「三者の対話」です。紙幅の都合上、ここではポイントだけを述べます。ここでいう三者とは、①当事者と②職場担当者、さらに③外部相談員（臨床心理士やPSWなど支援機関の職員）の三者のことを指していて、SPISでは基本的にこの三者がやりとりすることになります。そして大事なことは、この対話をする人物を限定し、固定化するということです。そうすることによって、対話が深まり、同時に当事者の自己開示が深まっていくのです。

　"コミュニケーションが大事"ということは、あらためて申すまでもありませんが、これは、一般的には二者間の対話を指しています。もちろん、二者の対話は大事なのですが、SPISではそのことを踏まえて、さらに三者間での対話を重視しています。職場は基本的に二者関係でなく、三者関係（集団的関係）だからです。つまり、三者関係（チーム）で安定す

ることが重要なのです。二者間のコミュニケーションはどこまで行っても二者間止まりで、チームを形成することはありません。三者の対話によってはじめてチームが形成されるのです。

ここまでが SPIS の全体概要です。ここからは発達障害の特徴が SPIS ではどのような形であらわれるか、について説明します。

SPIS における発達障害の特徴のあらわれ方について

最初にお断りしておきたいのは、SPIS は標準化を目指したツールではなく、あくまで個別化を志向したツールだということです。前述の通り、当事者が自分にとって大事だと思う項目をセルフチェック項目として設定することは、SPIS の個別化志向を象徴しています。つまり、一人ひとりの症状・悩みはそれぞれ違うんだという視点が SPIS の基本的な考え方であり、今後もこの考え方が SPIS の前提にあることに変わりはありません。

これからここで述べることは、個別化を志向してきた SPIS の事例が700 以上も集積された結果、逆の意味で、発達障害の一般的な特徴が SPIS において見えてくるのだろうか、ということです。これはいわゆるエビデンスベースな話ではなく、あくまで私見レベルの試論であることをご承知おきのうえお読みいただければと思います。

発達障害は、一般に自閉スペクトラム症（ASD）、注意欠如・多動症（ADHD）、学習障害（LD）に分けて論じられ、さらに、自閉スペクトラム症は、自閉症とアスペルガー症候群に分けて論じられることが一般的です。もちろん、これらの症状区分はそれぞれが独立して存在しているのではなく、むしろ一人の人間のなかで複数の特徴が混在することが多いのです。

しかし、発達障害のある人が SPIS を使用する場合、"発達障害"以上の詳細な診断情報を伝えられることはほとんどありません。そうしたなかで 6 ヶ月以上にわたり集中的なやり取りを行い、SPIS を通して様々な言語表現やセルフチェック項目に対する自己評価が生まれます。その結果を「自閉症」「注意欠如・多動症」「アスペルガー症候群」という 3 つの症状区分に重ねて組み立て直したとき、どんなことが言えるのでしょうか？私見ではありますが、以下に述べてみたいと思います（学習障害［LD］についてはケースが少ないため、省略します）。

◎セルフチェック項目にあらわれる違い

セルフチェック項目には、当事者自らが自身の心身の調子が崩れる兆しとなる項目を設定します。そのため、当事者本人の気持ちがこもった表現があらわれます。以下、当事者が設定したセルフチェック項目を症状特性に重ねて読み解き、分類してみました。表 2-1 ～表 2-3 をご覧ください。

表 2-1 ● 自閉症傾向が強いと思われる人の項目例

項目	区分	セルフチェック項目（サンプル）
①	生活面	朝、お腹が痛くなったか
②	生活面	動悸があったか
③	社会面	頭にきたか
④	社会面	人の一方的な話から逃れられなかったか
⑤	社会面	なにかミスして引きずってしまったか

表 2-2 ● 注意欠如・多動症傾向が強いと思われる人の項目例

項目	区分	セルフチェック項目（サンプル）
①	生活面	朝早く起きてしっかり食事をし眠くなく余裕をもって支度をして出勤できたか
②	生活面	規則正しい生活はできているか
③	社会面	落ち込みがあったか
④	社会面	前置き言葉をちゃんと言えたか
⑤	作業面	仕事での焦り

表 2-3 ● アスペルガー症候群傾向が強いと思われる人の項目例

項目	区分	セルフチェック項目（サンプル）
①	生活面	体調はよかったか
②	社会面	完全主義
③	社会面	適切な反応ができたか
④	社会面	自分は "ダメな奴" だと思ったか
⑤	作業面	仕事をする気分が乗らない

自閉症傾向の強い人の場合（表 2-1）、自分の身体感覚に近いところで項目を設定する傾向があるように思います。お腹、頭、心臓（動悸）といった言語表現がそのことを示しているわけですが、これは当事者が自分の内面を、どこに焦点を当てて対象化しているかを示していると思います。

これに対して、表 2-2 の注意欠如・多動症傾向の強い人の場合、言葉の抽象度が少し高まります。規則正しい生活、落ち込み、前置き言葉といった言語表現がそのことを示していると言えます。自閉症傾向が強い人と比較して、身体感覚から少し離れたところで言語表現があらわれてくると思います。また、そのこととは別に、表 2-2 ①の「朝早く起きてしっかり食事をし眠くなく余裕をもって支度をして出勤できたか」というような

項目には多動傾向が如実にあらわれています。通常、「朝早く起きれたか」「しっかり食事できたか」「余裕をもって支度できたか」というふうにセルフチェック項目を分けて設けるところが、切れ目なく、1つのかたまりとなって項目設定されています。

　次にアスペルガー症候群の傾向が強い人の場合、表2-3の通り、言葉表現の抽象度はさらに高まり、体調、完全主義、適切な反応、ダメな奴、気分が乗らないといった概念化や比喩化が行われることが多くなるように思います。利用者が自分の内面をどこに焦点を当てて対象化しているかでいえば、身体から観念へとセルフチェック項目の設定が移行していると考えられます。

◎グラフの特徴の違いについて

　次に、こうしたセルフチェック項目に対する日々の評価（「1」〜「4」）が、1年経過した時点でどのように推移していたかを可視化したグラフを見てみましょう。SPISでは、グラフの波形は個人別・項目別に様々な形になりますが、「自閉症」「注意欠如・多動症」「アスペルガー症候群」の傾向が強いと思われる人のグラフには、それぞれにある種の際立った特徴があるように思えます。

　自閉症傾向の強い人の場合（図3）、グラフがほとんど変化しないということがよく起こります。図3の例でいえば、ほとんど毎日が「4」評価です。いったいこれは何を意味しているのでしょうか。いろいろな可能性が考えられます。その1つは知的障害の併存という可能性です。ただ、多くの場合、そうではなく、当事者が日々のセルフチェックに関心がなくなる、あるいは変化の差異を実感できないということが背景にあるのではないかと私は思います。その場合には、セルフチェックそのものに意味がないのでは？　と思われるかもしれません。しかし、そうではありません。

　自閉症傾向の強い人にとって、支援者と日々、同じパターンでやり取りをすることには、とても大きな価値があるのです。ただ、このやり取りにおいて、支援者が留意すべきことがあります。それは、受容的な態度で当事者に接するのではなく、彼／彼女らが関心を持っていることに能動的にコメントを投げかけることが大事だということです。そうすることで、当事者の働くモチベーションは格段に高まります。例えば、野球が好きな当事者には、金曜日に「週末は巨人－阪神戦ですね。今回は負けませんよ！」

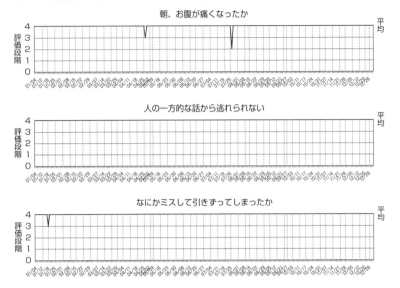

図3 ● 自閉症傾向が強いと思われる人のグラフ例

と声をかけてみたり、電車好きの当事者には、木曜日に「あと一日で終着駅です。最後まで安全運転で行きましょうね」と言ってみたり、相手に合わせたコメントを投げかけます。

　次に図4、注意欠如・多動症の傾向が強い人の場合、グラフは上下に変化しますが、すべての評価項目（「1」〜「4」）が使われることが少ないという特徴があらわれます。図4でいえば、評価「4」は一度も出てきません。評価の仕方にも、障害特性によって特徴があらわれてくるのです。

　極端なときには、「4」と「1」だけの評価ということもよく起こりますが、このような場合、当事者の衝動性の高さを示すことが多いように思います。また、当事者の様々な"悩み"があれこれ同時に出てくることもよく起こりますが、こうした場合、支援者の基本的な対応は焦点を絞って対話をすることです。あちこちに論点が飛ぶと、当事者自身が"わけがわからなくなる"ことがよく起きるからです。

　最後に図5、アスペルガー症候群の傾向が強い人の場合、グラフでの評価は、「1」から「4」まで細分化されて評価されることが多くなります。図5でも頻度は異なりますが、一年を通して見ると、「1」から「4」まですべての評価が出そろっています。支援者の基本的な関わり方としては、

図4 ●注意欠如・多動症傾向が強いと思わる人のグラフ例

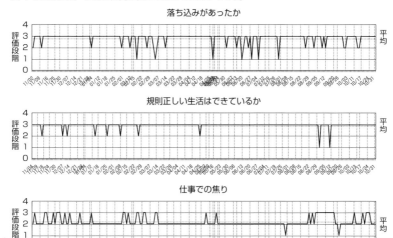

落ち込みがあったか

規則正しい生活はできているか

仕事での焦り

図5 ●アスペルガー症候群傾向が強いと思われる人のグラフ例

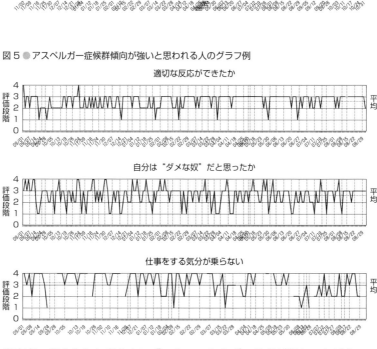

適切な反応ができたか

自分は"ダメな奴"だと思ったか

仕事をする気分が乗らない

当事者の概念化した考え方に「べき、べからず」思考が潜むことが多いの
で、これを緩め、「できれば〇〇した方がいい。できなくても仕方ないと

きがある。それで大丈夫！」という考え方を勧めることが効果的です。

　また、組織への関わり方としては、当事者の「対人関係の問題点」だけに焦点を当てるのではなく、当事者の非常に優れた能力をいかに活用するか、という視点で環境整備をすることを勧めることが大切だと思います。

まとめ

　今回ここで述べたことは、集積された SPIS の事例を踏まえた、あくまで試論レベルの話にすぎませんが、今、あらためて感じていることは、発達障害のある人を言語表現という視点から捉えることは、たいへん大切な研究テーマではないかということです。

　発達障害を言語表現という視点から読み解くことで、＜自閉症 - 学習障害 - 注意欠如・多動症 - アスペルガー症候群＞という発達障害の枠組みを、もしかすると、1つの言語表現のスペクトラム（集合）として捉えることが可能になるのかもしれません。

第 4 章

当事者理解と
コミュニケーションの進め方

はじめに

　著者は幼少期に自閉症（現在の診断名では ASD：自閉スペクトラム症）だろうと指摘され、母や心理の専門家の支援を受けて育ちました。成人後に言語聴覚士の資格を取得し、病院や保健センター等で言語やコミュニケーションに障害を抱えた当事者やご家族を支援する仕事に約 20 年従事しています。夫も 30 歳前後に自分の特性を知った発達障害当事者で、プログラマーとして働きながら電子書籍に関するオープンソースプロジェクトを運営しています。

　フリーランスになったのをきっかけに、発達障害のある当事者／支援者／家族の立場での経験や生活面の工夫など、発達障害に関する情報発信もしています。こうした立場を生かし、本章では、主に職場定着のために必要な当事者理解について概説してみたいと思います。

▶ 当事者と働くうえで知っておくべきこと

立場の違いが生む認識の差

　この本を手に取るのは発達障害のある人を職場で受け入れる立場の方々でしょう。「様々な事情で発達障害の人と働くことになったけれど、正直どう接したらいいのかわからない」、もしくは「発達障害のある人を雇用したのはいいが、行き違いが多くて困っている」というのが本音かもしれません。

　もちろん定型発達の人を雇用する場合でも多かれ少なかれトラブルはあるでしょうが、こと発達障害のある人を採用した場合、最初に感じた小さな違和感が、時間が経つにつれて大きくなり、最後には限界が来てしまうといった経過をたどる場合が多い印象にあります。障害者雇用の現場で生じるトラブルの 1 つ 1 つは些細なことのため、当事者も企業もお互い何とか折り合いをつけようと努力します。しかし、次第に不満が溜まっていってしまうのです。

こうしたケースの裏には、まず、当事者と職場受入側の立場の違いによる発達障害への認識の差があることが考えられます。当事者からすれば、発達障害の特性は本来「自分のなかにあるよくわからない感覚や衝動」なのです。当事者自身もこの感覚や衝動に翻弄され、気がついたら失敗ばかりして自信喪失している場合がよくあります。

　ですから、当事者のなかにあるこの正体不明な特性を本人がどこまで理解できるか、周囲がそれをどうサポートするかが支援の第一歩です。ところが、多くの当事者と会った経験から察するに、この最初の自己理解の段階で「これは自分の個性だ」という極端な楽観視か、「失敗ばかりするダメな自分」という、これまた極端に悲観的な自己評価に分かれがちです。

　こうした当事者に対して、職場受入側の立場からすれば「本人が説明できないことに細かい配慮を求められても困る」し、「サポートしようにもよくわからないまま巻き込まれ、足並みが揃わない当事者とチーム（企業側）の言い分を調整するうちに疲れ果ててしまう」というのが正直なところでしょう。

暗黙のルールは通用しない

　そもそも、自分の長所や短所を的確に伝えられるのは、定型発達の人（いわゆる健常者）のなかでもトレーニングを積んだ経験者など、ごく一部の人たちです。それでも困らないのは、定型発達の人たち一人ひとりの感覚にはそれ程差がなく、お互い「このくらいが限界だな」「こんな感じで伝えれば大丈夫だろう」といった見積もりや推測で共通認識をはかれるため、いちいち言わなくてもおおよその意図が伝わっているからです。また、社会というのはそこに住む大半の人たちの感覚に合わせてできていますから、多少の不満を抱くことはあっても、発達障害のある人のように少数派の人が感じる切実な状況を定型発達の人が体験することは少ないでしょう。

　特に日本の社会では法律などの明文化されたルールもありますが、対人関係においては、ことば以外の文脈や状況といったいわゆ

る暗黙のルールが重視されます。ルールがわかる人同士の間には「言わなくても通じ合える」世界での心地よさがありますし、伝える手間も省けます。仲間同士の結束や助け合いなど共助的なセーフティネットも、このような非言語の場の共有が鍵になります。

　一方で、このような暗黙のルールが強くなると、集団内での同調圧力などに発展し、いじめやハラスメントの温床にもなりかねません。閉鎖的な組織には新しい人が入れず、次第に衰退していくことになるでしょう。これからの職場環境では、障害のある人以外にも海外からの労働者などのように異なる文化や慣習の人たちも増加するでしょうから、受入側も今までのような暗黙のルールがわかる人ばかりが来るという前提は通用しないことを意識してほしいと思います。

▶ 快適な職場環境を作るには

まずは状況把握と情報の整理から

　発達障害の場合、同じ診断名であっても障害特性の出方は一人ひとり異なります。そのため、職場で配慮が必要な点にも個人差がかなりあるため、障害者雇用が初めての場合でも、すでに受け入れ経験がある場合でも、まずはどのような経緯で障害者雇用につながったのか、どのような障害特性や医療的なケアを受けている状況なのかを当事者に確認することが重要です。

　配慮が必要な項目を本人やジョブコーチなどの支援者、そして可能なら家族から聞き出せるといいでしょう。プライバシーの問題もあるのでどこまで聞くか迷うかもしれませんが、それぞれの企業のやり方を伝えたうえで、以下のポイントに関して不安や疑問に感じることを洗い出すのが現実的だと思います。

- 通勤時
- 出社後
- 連絡方法（欠勤や経費精算など）
- 昼休みの過ごし方
- 勉強会や飲み会など業務時間外の行事について

　最後の2つは明文化されていないかもしれませんし、企業側にすれば当たり前過ぎて「何が問題になるの？」と思われる項目かもしれません。しかし、当事者側にすればこの項目こそ入社後コミュニケーションのすれ違いが起きやすく、本来の業務より気を遣う面があります。

　そして、実は就労前の当事者にもこの点がよく見えていないため、具体的に配慮の必要な項目が出てこない、もしくは何か聞かれても「大丈夫です」と返事をしてしまうということもあるでしょう。これは先にも述べた自己理解の問題なので、本当に大丈夫だと思っている場合もあれば、本人もさることながら「大丈夫だ」と思えるまでに周囲が手助けしているという場合も多いのです。しかし、長く職場に定着してもらうためには、「いかに本人も周囲も必要以上に頑張らずに働ける環境を作れるか」が重要です。

就労スキルの確認

　次に、就労に関するスキルについて整理してみましょう。障害者雇用に関わらず、定型発達の人も含めた就労に必要なスキルは以下の3つに分けられます。

　①仕事そのものに必要なハードスキル（学歴や資格等）、②仕事を円滑に進めるために必要なソフトスキル（時間に合わせて行動する、職場のルールに合わせた服装をする等）、そして、③就労を支える生活スキル（食事や睡眠に配慮する、適度な運動をして体力を養う等）です。採用面接などでは、企業側は①のハードスキルに目が行きがちですが、入社後、発達障害のある人の就労に支障が出るのは、むしろ②のソフトスキルや、③の生活スキルの問題です。

最初のうちは「慣れれば大丈夫だろう」と周囲も温かく見守っているかもしれませんが、職場では、学校や就労支援など、それまで当事者をサポートしていた特性に合わせた見えない支援がありません。そのぶん当事者がどこまでできるか、企業側がどう配慮するか、ジョブコーチなども交えて本人と検討しなければ、いつまでも問題は解決しません。

　案外、本人や周囲も、そして企業側もソフトスキルや生活スキルについて軽視しがちです。しかし、図4-1を見てもらえればわかるように、どんなにハードスキルがあっても、その前提としてソフトスキルや生活スキルが付いて回ります。

図4-1 ● 社会的・経済的自立と生活スキルの関係

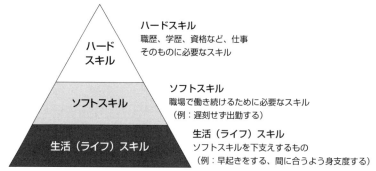

ハードスキル
職歴、学歴、資格など、仕事
そのものに必要なスキル

ソフトスキル
職場で働き続けるために必要なスキル
　（例：遅刻せず出勤する）

生活（ライフ）スキル
ソフトスキルを下支えするもの
　（例：早起きをする、間に合うよう身支度する）

● 社会的・経済的自立の土台となる生活スキルが不可欠

　多くの定型発達の人にとっては、生活スキルやソフトスキルよりも、ハードスキルの獲得の方が難しいはずですから、発達障害のある人がなぜ遅刻してしまうのか、なぜ身だしなみを整えることができないのか、周囲の人たちには想像がつかないことで誤解が生じます。著者は講演などで折に触れて「発達障害は生活障害だ」とお伝えしていますが、具体例や背景を丁寧に紐解くまで、不思議な顔をされることは珍しくありません。

　ソフトスキルや生活スキルに関わる行動は1つずつであれば大半の人は遂行できるため、「誰にでもできること」とみなされますが、

日常生活ではそれが不規則に組み合わさります。しかも、

- 一定時間内に複数の作業を同時かつ連続的にこなす
- 突発的かつ優先度が高い仕事が不定期に飛び込んでくる
- 同じ仕事の指示でも指示者や状況によって、手順や方法が変わる
- 曖昧だが一定の基準がある（特に整容や食事、睡眠などの健康管理）
- 自分にとって効率が悪い方法でもやらざるを得ない

という状況です。

　そもそも、発達障害のある人はマルチタスクが苦手なことが特性として挙げられます。彼／彼女らにとって、自力で優先順位を判断し、情報や注意を適切に振り分け、状況に応じて次々作業をこなすというのは超人的な能力を求められているのとほぼ等しいでしょう。当事者にすれば、職場で仕事と自分の身の回りのことをこなすだけでも精一杯、帰宅するとヘトヘトに疲れ果ててしまう場合も多いのです。

　著者は拙著や講演会などで、自立へのポイントとして「時間、物、お金の管理」をかねてより挙げていますが、最近では「暮らしのなかでの最低限のコミュニケーション」「日常生活を送るための体力」も加えています。自分の好きなことに関してはいくらでも努力できるのも当事者ならではの特性ですが、寝食を忘れて夢中になる、生活費が足りなくなるまで趣味にお金を注ぎ込む、ということになれ ばいずれ暮らしに支障が出てきます。

　長く働き続けるためには本人はもちろんですが、周囲の人たちも一緒に働く当事者のソフトスキルや生活スキルについて点検し、必要に応じてサポートのための対策を立てる姿勢が重要だと著者は考えています。

休暇／休息への配慮

　このように発達障害のある人のなかには、定型発達の人に比べて、ソフトスキルや生活スキルが備わっていない人が多く、長期的な就労のためには、目の前の業務に目を向けるだけでなく、生活面と同時に、将来的なスキルアップ（部下を持つ、業務全般の管理を行う）に関わる事項への配慮も必要なことが見えてきます。

　障害特性のために、マルチタスクが苦手な人や注意のコントロールが困難な人も多く、一定量の仕事をある程度むらなくこなすには、チーム全体で状況を把握・管理して適宜休息や有給などの取得状況も確認しつつ、当事者も「自分の心身を守るために大切なこと」として自己管理への認識を深めることが重要です。

　当事者のなかには、空腹、睡眠、疲労といった健康面に関する感覚が鈍い人もいる（反対に時間に対して厳格な人もいる）ため、気がつけば他の人もそのペースに巻き込まれてしまうことがあります。休息・休暇に関する配慮としては、「ここまではOKだけど、そこを越えると他の人やチームに支障が出てしまう」「夢中になるのはいいけど、過集中になってその後燃え尽きたら困る」と線引きを明確にしたうえで、作業中、定期的にアラームをかけたり、情報共有のためにアプリなどで業務の進捗を可視化したり、といったペース配分や優先順位についてフォローし合える環境をどこまで作れるかが問われてきます。

　なかには、このようなルールを設けられることに対して抵抗感を示す人もいます。理由としては、設定したルールの意味や必要性を認識していない、あるいは、ルールを作る＝支配されていると思い込む場合があります。確かに、発達障害のある人のなかには、学校などで頭ごなしに「そういうルールだから」と規則を押し付けられた、厳しい指導を受けた、できないことを激しく叱責された、とい

ったネガティブな経験が尾を引いている人も少なくありません。頭では理解していても、当時の嫌な感情を思い出してしまうこともあるでしょう。

　いずれの場合も、チームの一員として働くためのルールやマナーを意識せず、さらに会社という組織が存在する理由がわからずに自分の都合だけで動いてしまうと、チーム内はもちろんですが、総務や経理といった会社を下支えしている人たちにも影響が出てしまいます。当事者には、自分の言動が周囲にどのように見えているかを意識すること、時間、物、お金といった周囲の人との約束を守るための指標になるものは疎かにしないように求めると同時に、本人にわかる形で社内のルールを明確に示すなど、企業側にも時には毅然とした態度が求められるでしょう。

生活スキルへの配慮と制度利用

　現在、一人暮らしに必要な生活スキルをスマートフォンアプリを使って練習する、という支援を研究・開発している取組みがあります。発達障害のある人の生活支援については、こうしたサービスの利用も効果的です。これは、①自己評価と他者評価のズレを見直す、②生活スキルの習得向上を共有することで、他の人からの支援を受け入れやすくする土台を作ることが目的です。

　もちろん監視になってはいけませんし、当事者の合意を得る必要がありますが、企業側が発達障害のある人の労務管理や生活支援を検討する際には、ジョブコーチなどの制度を利用したり、専門家や研究者の協力を仰いだりといった対応も柔軟に取り入れていくことも大切だと著者は考えています。

　労務管理や生活支援は、労働安全衛生といった観点からも重要ですし、発達障害のある人に限らず、希望があればその他の社員にも導入して、職場全体の問題として共有すれば、より快適に働くための新たな取組みへと発展していくのでは、と著者は期待しています。また、今後は、会社で働きながら育児や介護を担う人たちが大半になる可能性も高いので、一人ひとりの生活面を考慮した、社員が長

期的に働くための環境作りへの工夫は、会社が利益を出し続けるためにも急務と言えるでしょう。

▶ 支援を進めるうえで重要なこと

家族からのサポートについて

　発達障害のある人の保護者の間で話題になることの1つに「親亡き後の自立」があります。子どもが仕事を続けられるように親が奔走したり、仕事に専念できるよう家事全般を引き受けるのは当然のこととして認識されがちですが、正直、著者はそこに危うさを感じてしまいます。

　保護者が元気でフォローできるうちはいいですが、大半の場合、親が先にこの世を去ります。もし、当事者が同様の支援をヘルパーや家事代行サービスといった第三者に求めたら、多額の費用がかかりますし、子ども一人ひとりの特性をよく理解している親のように、隅々までお膳立てしてもらえることはまずありません。どんな支援が必要なのか、当事者が自分で選択・決断をする必要があります。

　ですから、本来はある程度自分で努力したうえで、できないところを周囲に助けてもらう、というのが現実的ですが、なかには黙っていても支援してもらえる状態が当たり前になりすぎている場合があります。そうなると、他者からの支援に対して「親のようにやってくれない」「お金を払っているのになんで？」と不満を抱くかもしれません。しかし、相手が親であっても、仕事や生活のことでそんなに依存すること自体そもそも奇妙なことだ、ということを当事者や家族はもちろん、支援者も認識した方がいいでしょう。たとえ親子であっても別々の人間で、それぞれの都合や価値観があり、親は魔法使いでも都合のいい召使いでもないという距離感が、思春期以降の親子関係にはとても大切だと著者は感じています。

　頼られる側は、やりがいを感じてつい頑張ってしまいますが、親

も支援者も「○○については頼まれればやれるけど、△△はあなたにしか決められないから、自分で考えて決めて」「決めるための手助けはするけど、決断して責任を持つのはあなたです」といった姿勢を見せることは必要でしょう。当事者にとっては自分ができないことを認めることになりますから、かなり苦痛に思うこともあるかもしれません。しかし、先にも述べたように、自己理解と他者との適切な距離感は働き続けるうえでも、豊かな人間関係を築くためにもとても大切です。

　企業側としては「家族がサポートしていればOK」と思うかもしれませんが、親御さんが60代以降になれば、いつ介護が始まってもおかしくはありません。子どもが親の介護を担うこともありますし、外部のサービスを利用しやすくするためにも保護者の応援を減らしていくよう意識してもらうことが大切です。

発達障害のある人が苦手な家事

　著者は、この8年ほど母に頼まれて実家の家事と片づけを手伝い、それに加えてここ数年は、父の通院の付添や介護保険の対応などもしています。家事のなかには①他者に頼みやすいものと、②自分である程度段取りを決めて下準備を進めておいてから他者に依頼した

表4-1 ● 他人に頼みやすい家事・頼みづらい家事

頼みやすい家事	家族以外には頼みづらい家事	自分以外には難しい家事
掃除	書類作成、手紙の代筆など	物の要／不要の判断
洗濯	振込、通帳記帳などの金銭管理	片づけ（整理整頓）
日用品の買い物	プライベートなスケジュール管理	物の配置などのルール決め
荷物や郵便物の発送	プライベートな連絡先管理	仕事の割り振り
料理（あまりこだわりがない場合）	交際（親戚付き合いなど）	好みが反映される買い物（衣類など）
ゴミ捨て（まとめたもの）	行政や金融関係の手続き	委任状作成
仕事のスケジュール管理（同僚や上司）		
仕事の連絡先管理（同僚や上司）		

方がいいもの、そして、③本人にしかできないものがあります。

　家事のなかでも掃除と洗濯、そして買い物は比較的他人に頼みやすいものです。料理はこだわりがなければ他人に頼めますが、家庭によって味の好みやこだわりが千差万別ですし、アレルギーや内臓疾患などがあるとなかなか他人には頼みにくいものになります（表4-1）。

　そして、他人には任せづらい家事が書類や家計の管理、そして片づけ（整理整頓）です。前者の場合は家族以外に依頼するには後見人といった契約が必須ですし、片づけは物の価値基準について決められるのは本人だけです。また、物を捨てるのも昨今はルールが厳しくなり、粗大ごみなどには事前申し込み等の手続きが必要です。そのため、他人に依頼する前に様々な段取りを済ませておかなければなりません。家族間では「これやって」と何気なく頼みがちなものであるのも特徴です。そして多くの場合、母親や女性の親戚縁者がその担い手になりがちです。

　他人に依頼しづらいこの手の家事が、発達障害当事者にとっては最も困難なことが多く、だからこそ家族がつい協力してしまうことになるのでしょう。著者は、それでも敢えてヘルパーや家事代行業者等他人が入りやすいようにすることが重要だと思っています。

　これまでの日本では、建前では男女平等と言われていても、実際は女性がかなりの量の家事や育児、介護などの細かい配慮を要する作業を担ってきました。しかし、女性も外で働くことが当たり前になった以上、性別を問わず、主体的に家事に取り組むことが前提になります。つまり、家庭でも職場でも、家事や業務に対してチーム（家族）全体で取り組む協力体制を作るには、普段、主に家事を担っている人以外にもわかるように、家事の頻度や業務内容の目的、レベルを明確化し、必要に応じて便利な道具や食材、外注を利用する（我が家も定期的に清掃業者に依頼しています）といった変革が求められています。

　最近でこそ家事や育児をする男性が増えてきましたが、ネットなどでも「名もなき家事」ということばが話題になるように、備品の

補充など、1つ1つは大した負担ではなくても作業と作業の隙間を埋めるような行為への気づきが必要です。同様に、会社の業務でいえば、総務や経理、そして人事に関する業務（年末調整の書類や経費精算、特別休暇の届け出など）は当事者の苦手とするところです。その際、「できることは自分で」という姿勢を貫きつつ、本人ができないことを社内や家族がどうサポートするかを決めていくことが大切です。

▶ 問題解決へのスキルと課題

支援プログラムの狙い

　ここまで読まれた読者のなかには「発達障害のある人が働き続けるには様々なハードルがあり、その背景にはソフトスキルや生活スキルの問題があるのはわかった。では、そのような人たちを受け入れる企業は、当事者一人ひとりの状況を把握し、整理したうえで具体的に何をすればいいのか？」と疑問を持った方がいらっしゃるでしょう。

　発達障害のある人の就労支援について勉強をされている方ならば、一度は「構造化」ということばを耳にしたことがあると思います。アメリカのノースカロライナ州では、ASD の人たちへの支援として TEACCH（Treatment and Education of Autistic and related Communication handicapped Children）というプログラムが取り入れられています。構造化は、そのなかでよく用いられる手法の1つです。構造化のポイントは以下の通りです。

- ASD 当事者が得意な視覚情報を活用する（視覚支援）
- 当事者が見通しを持てるように、目に見える形でスケジュールなどを共有する
- 当事者が主体的に選択できるように情報を伝える（文字以外にも絵や実

物も使う）

- 当事者自らが日常生活動作を行えるよう、支援者は能力に合わせて環境設定する

　「TEACCH は自閉症の人たち向けのプログラムだから、自分には関係がない」と思ったらそれはとてももったいないことで、プログラムの意味や意図をよく理解してアレンジすれば、誰もが快適に暮らすためのヒントが詰まっています。

家事分担の「構造化」

　講演などで、我が家が日常生活で取り入れている家事の構造化に関する工夫をお話しすると、家庭と職場という違いはあっても多くの方が「これはすぐに取り入れられそう！」という反応をされます。それは物、時間、お金、コミュニケーションといった項目が構造化されているからです。

　元々、発達障害当事者でもある夫と暮らすうえでの不都合を解消することから始まった家事の構造化ですが、それによって苦手だった片づけを克服するきっかけにもなりました。将来、介護が始まったときも慌てず他人に頼めるような環境設定ができたこと、住まいやお金について話し合うための根拠を作れたことも構造化のメリットです。

　現在、我が家は夫も著者もそれぞれ個人事業主として主に自宅で働いています。二人の予定は Web カレンダーで共有し、どちらかが外出していてもわかるようにしていますし、タスク管理や買い物リスト、そして家計簿も PC やスマートフォンで共有できるアプリを利用しています。コミュニケーションも携帯のショートメールやメッセージアプリを活用しています。

　家事の役割分担は大まかに決めたうえで週末は家庭優先というルールにしていますが、突発的な用事が入った場合には Web カレンダーをもとに話し合い、適宜予定変更して、いつやるかを決めています。著者は夫の帳簿も付けていますが、予定を確認して、時折交

通費の入力や領収書といった経費に関する項目に抜けがないかの声掛けができるのもお金の動きを可視化しているからです。

　夫は元々自分の都合を優先させがちで、週末に予定が入ると「だって、用事があってできないから」と平気で家事を1週間先延ばししていました。一人暮らしならそれでもいいのかもしれませんが、それでもこのような状況が続けば家は汚れていきます。見かねた著者が代わりにやれば「あ、自分がやらなくても大丈夫なんだ」となりかねません。

　そこで、「埃や汚れはあなたの都合に合わせてはくれないよ。私も自分の仕事と家事で精一杯なことは知っているよね？　いつもやっている日が難しいのなら、他の日にやってほしいし、こちらの都合も考慮してもらわないと私も困るの。いつならできそう？」とスケジュールを見せながら伝えました。

　さらに、「あなたの代わりに家事代行の人を頼むなら部屋をある程度片づけておく必要があるし、何よりお金もかかるよね。あなたはどう考えていますか？」と家計簿なども示したところ、ようやく本人も「あ、自分の都合ばかりを優先させていたら妻の負担が増えるのか」と気づき、最近は「午前中家事をして、午後から外出する」「土曜日出かけるから、日曜日にやろう」というように、事前に計画を立てるようになりました。

　著者が本当に伝えたいのは、ルールを守ってほしい、自分の都合ばかりを優先しがちな言動を改善してほしいという感情ですが、音声言語のみでわかってもらおうとしたり、あるいは感情のみをぶつけていたりしたら、夫の行動の改善はおそらく難しかったでしょう。今後のためにも「相手はそう思っているのか！」「だからできていないと言われるのか！」と気づくきっかけを組み込む必要がありますし、著者の思考や行動の根拠を理解してもらうにも構造化はとても有効でした。

　職場に構造化を適用する場合には、①スケジュールの共有化、②物品管理ルールの設定(私物の持ち込みや共有スペースの管理など)と視覚支援（ラベルを貼る等）、③経費精算と勤怠管理システムの

導入（アプリや IC カード等での記録）から始めると取り組みやすいと思います。

支援がうまく機能しない場合

　著者が自宅で行っている工夫について講演などでお話すると「やった方がいいということはわかるのですが、なかなかここまでやるのは…」といった感想を寄せる方もいらっしゃいます。頭では理解していても時間や能力には限界があることに加え、何より面倒くさいという感情が先に立つのが実際のところかもしれません。しかし、コミュニケーションは相互交流ですから、どちらか一方の問題ではなく、双方が変化することが求められます。

　著者自身、正直「なぜ夫のために自分がここまで努力しないといけないの？」と不条理な気持ちになったことも一度や二度ではありません。しかし、放置していてはますます溝が深まるだけですし、夫が気にしていない以上は、こちらのスキルを磨くしかない、という切迫した現実がありました。

　多くの人は「これだけ訴えられたら相手は不安を感じているのかも」「他の人のペースを必要以上に乱しているのかも」と相手の状況を慮る可能性がありますが、それを発達障害のある夫に察してもらおうというのは、例えるなら全盲の人に墨字（いわゆる紙に書かれた文字）の資料を読んでもらおうとする行為にほぼ等しいでしょう。

　全盲の人でも晴眼者（いわゆる目が見える人）に墨字の資料を読んでもらう、もしくはテキストデータにしたものを読み上げソフトなどを使って音声出力する、という方法なら書かれている情報にアクセスできます。その手間を惜しんで「目が見える人と同じ条件じゃないとダメ」となれば合理的配慮を欠く行為です。

　ですから夫には、まずこちらが求めていることに対する根拠となるデータを示します。先ほどの例でいえば、「やると約束した家事の分担を守れているか」を一目瞭然とすることが重要です。つまり、構造化は、毎週家事をすると彼が約束した状態と現状が異なっている、という約束と事実のギャップをわかりやすくする物差しのよう

な役割も果たします。これも一種の合理的配慮です。

大切なことは、構造化したデータの活用

　行動を改善するにはまず、理想とする状態と現実との間に「ズレがある」と認識してもらうことが第一歩です。ただし、夫の視点では「ズレがない、あるいはズレていても平気」と思っています。そのため、次の段階ではこのズレを妻（著者）が気にしている、と知ってもらうことが必要です。

　ここで大切なのは、根拠となるデータを見せて終わりにしないということです。人はある事実に対して、必ず何らかの推測や解釈をします。発達障害について書かれた本などを読んでいると、障害特性として想像力の欠如が挙げられていますが、著者は想像力というよりむしろ、推測や解釈の方向性の違いだと考えています。

　多くの人の思考パターンとしては、それまでの自分の経験を元に想像や推測をしますから、データや根拠を示してもそれぞれが自分の都合のいいように解釈して、「それでいい」と思っていれば問題は解決しません。実際、夫も家事分担に関する理想と現実のギャップが自分にとって望ましい結果につながっていない、自分にとって大切な人であるはずの妻を困らせている、だから自分の言動を変えないといけない、と理解して初めて構造化した情報を有効活用し始めました。

構造化で見えてくる「不都合な真実」

　「職場で構造化を導入したけど、うまくいかない（いかなかった）」という話もあちこちで見聞きしますが、それは視覚化された情報をどう活用するかまで考慮していなかったことが原因でしょう。その背景にあるのは、当事者だけではなく企業側も今までの言動を（相手に伝わるまで）変える必要性を認識していない、あるいは、変えることにメリットを感じていない、という話に尽きると思います。

　構造化や情報の可視化は、メリットも多い反面「不都合な真実」も明確になります。適切な環境設定がされていなかったこと、相手

にわかる形で情報を伝えていなかったこと、何をするのか（しては
いけないのか）が共有されていなかったことなど、何とかなってい
るから、と見過ごしてきたことが白日の下に晒されます。

　これはあくまでも著者の経験から感じていることですが、改善し
た方がいい事実が提示された場合、その改善に向けて動ければいい
のですが、その事実をなかったことにする場合や他人のせいにする
場合、さらには事実を改ざん・隠蔽する、相手を攻撃し始めるとい
った新たな問題を生むリスクもあります。理想が高い、もしくは閉
鎖的で罰則が多い組織ほどこのようなことは起こりうるでしょう。

　できていないことを問題視するあまり、つい処罰的な対応になる
こともあるかもしれません。しかし、それでは罰を恐れるためにか
えって不適切な結果を招きかねません。例えば、法定雇用率の未達
成や、合理的配慮に欠ける行動があったとき、今後は法律を守るべ
きとする一方で、多少間違えたり失敗したりしても大丈夫、ここか
ら再スタートしましょうという柔軟さ、そして一つひとつの案件へ
の丁寧な対応が長い目で見れば利益を生む、ということをより多く
の人に認識・実行してもらう術を考えていく必要があります。

　日本社会ではできないことを厳しく叱責しがちで、時に体罰や組
織的ないじめに発展することがありますが、これは人格攻撃に繋が
りかねない危険性をはらんでいます。むしろ大切なのは、できたこ
とを適切かつ肯定的に捉え、できていないことは客観的な事実とし
て良し悪しの感情抜きに認識することです。

　企業や教育の現場では、追い詰めるタイプの精神論や根性論主体
の指導になりがちです。もしかしたら、何をすればいいかわからな
いまま、その立場に置かれた指導者が、今まで自分が受けてきた指
導や、本などを読んで学んだ方法を特に疑問もなく行っているのか
もしれません。このような指導と相性がいいのは、「反省しています」
「今後気をつけます」「がんばります」といった曖昧かつ抽象的な表
現です。よく考えれば、指導者は相手がこう言ってくれれば自分の
指導を理解した、と都合よく解釈できますし、あるいは本人たちの
努力不足に責任転嫁することでスキル指導の手間が省けます。管理

者や指導者個人しては都合がいいかもしれませんが、それにより大切な人材が潰れてしまっては、組織ひいては社会全体の損失になりかねません。もちろんこのような指導でも、そのやり方が合っている人や「なにくそ！」と奮起して自分のペースで試行錯誤できる人であれば、成果を出すでしょう。しかし、精神論や根性論的な指導はリスクも多く、コンプライアンス違反などの問題も招きかねません。支援や管理は、一歩間違えれば支配につながりますから、できるだけそのリスクは排除したいところです。

　案外、構造化といった丁寧な対応に抵抗を示すのは発達障害のある人以外かもしれません。これまでは精神論や根性論での指導が通じたのに、なぜこんな面倒なことをいちいちやらないといけないのだ、と感じることも珍しくないのです。「困っているのはこちら（企業側）だから、期待通りの結果を得るためには相手（発達障害のある人）さえ変わればいい」と考えがちです。

　著者は講演などの機会には支援者や保護者の方に対して「機会があったら何か習い事をしてほしい」と折に触れてお話しています。自分ができないことを身につけるという習い事本来の目的以外にも、教わる立場になることで気づくことがたくさんありますし、自分が当たり前に思っていた世界が実はほんの一部に過ぎなかった、ということも見えてきます。

　特に年齢を重ねる、あるいは指導的な立場になるほど自分がうまくできないことを丁寧に指摘してくれる相手は減っていきます。習い事などで"初心者になる"経験を日常的に積めば、うまく行かない状況や他者からの指摘を冷静に受け入れやすくなるでしょう。

　発達障害のある人を受け入れる企業側も、少数派の人たちが抱える様々な困り事に対する現実的な改善策の必要性を社内全体に浸透させるとともに、現場で当事者に接するスタッフの負担を軽減するための具体的な対策も考えていくなど、障害者雇用の現実を冷静に見据えた対応が重要になると思います。

▶「構造化」の後で

可視化された問題の解決のために

　著者は、人は基本的には怠け者だと思っています。なかには根っからの働き者もいますが、大半の人はできるだけ楽したいという本音を隠して働いているというのが実情でしょう。だとすれば、その怠け心をうまく利用した方が結局一番合理的なのかもしれません。

　先にも述べたように、著者は夫と暮らすまで片づけが大の苦手で、むしろ「どうせすぐまた使うのに、なぜいちいち元の場所に戻さないといけないの？」と思うほどでした。彼と暮らし始めてもしばらくは相変わらず散らかし放題にして、そのせいで夫が「○○ってどこ？」と必要なものを探せずに途方に暮れることも多かったのです。ただ、そのようなことが続き、生活に支障が出てくるようになったため「さすがにこれはまずい！」と我に返ったのが片づけに取り組むきっかけでした。恐らく、そのようなことがなければ今でも片づけはしなかったかもしれません。

　「現状を打開するためにも、何とか片づけができるようにならねば！」と、自分にとって「不都合な真実」に向き合うことは正直かなり億劫でした。具体的に行動を起こそうにも、本やインターネットで紹介されている一般的な方法はほとんど失敗していたため、それらの情報は参考にしつつも、（言語聴覚士の仕事で）支援者として働いてきたスキルを活用しながら、何が問題なのかを自分で考え、片づけについて自分なりの意味や方法を試行錯誤する必要がありました。前の項で述べた「構造化」にあたります。

　また、このときの構造化の作業は、自分が他人へしてきた支援を自分に対して行う、という自己検証であり、本当に自分がやってきたことが適切なのか？　という自分の支援スキルへの見直しでもありました。人は自分ができないことの自己評価が一番苦手です。自分自身に「片づけを習慣化させる」という課題を試して、うまくい

けば、今後他者へ支援する際にもその手法が役立つだろう、という目論見もありました。

　そこで、先に述べた対策を自分に実践していくことにしました。最初は片づけへの抵抗感を減らすため、片づけが少しでもできたらOK と基準を下げる、三日坊主になっても三日できた自分を「苦手なことに取り組むなんて偉い！」と褒める、「三日坊主でもいい。これを 10 回繰り返せば 1 ヶ月やれたことになる！」と肯定的に考えるようにしました。

　一方で、意識だけでは片づけは進まないので、具体的に、毎日使うものはフックに吊るす、かごにまとめる、というように整理しやすいように工夫する、引き出しにはラベルを貼ってどこに何が閉まってあるか一目瞭然とさせる、日常の動線を考えて置き場所を決める、という現実的な対応策を実行しました。つまり、できるだけ楽したいという本音を認めたうえで、整理整頓を徹底的に見直したのです。お陰で自宅を片づけられるようになり、その経緯をまとめて本（『発達障害の人の「片づけスキル」を伸ばす本』講談社，2018）を出すこともできました。

職場での課題解決フロー

　「家庭ならそれでいいかもしれないが、職場ならそんな悠長に構えていられない」と思われた方もいらっしゃるかもしれません。しかし、職場は家庭と違い、やることがある程度明確ですし、何より「仕事につながる」「利益や業績を上げる」というはっきりした動機があります。業務改善の必要性の認識は家庭の場合よりもスムーズに取り入れられることが多いでしょう。

　また、手書きで記入していた書類を PC 入力にするというような業務の効率化や、マニュアルを作成することで業務遂行の手順を明文化し、作業の目的をわかりやすくする（もしくは合理的配慮をする際の参考にする）という改善策についても、家庭よりもコンセンサスが得られやすいはずです。

　同時に、発達障害のある人を含めて、多様な人材が働きやすい職

場環境を整備するには、前述の TEACCH のプログラム（p.131）でも挙げられている視覚支援や情報共有、そして環境設定あたりが重要なポイントになるでしょう。例えば、以下のような工夫が効果的だと思われます。

- チーム全体で状況をいつでも把握できるよう、文字や画像で記録する
- チーム全体で見通しが持てるよう、スケジュールを共有する
- 発達障害のある人でも主体的に選択できるように、コミュニケーションの方法を意識する（文字以外にも絵や実物も使う）
- 不測の事態（急病や災害など）でスタッフが一時的に抜けてもカバーし合える状態にする
- チームメンバーが主体的に行動できるよう、管理者は能力に合わせた環境設定を行う

これに加えて、今後は以下の2点への配慮も必要でしょう。

- 少数派の人たち（障害のある人や外国人労働者など）を支援するスタッフへのサポート
- メンバー間のトラブルを未然に防ぐ環境設定

企業では日常業務の忙しさから、なにか問題が起きてから慌てて対処することになりがちですが、できれば問題が起きないように未然に対策を練り、本来の業務に集中できるような環境整備をしておきたいところです。

▶ これからの仕事と暮らしのあり方

便利さの光と影

著者の親世代（70代以上）からすれば、中学や高校を出たらす

ぐに働いて20歳前後で結婚・出産し、若い頃から育児と家事に追われることもよくありましたし、著者と同年代（40代前後）の友人知人も当たり前のように仕事や家事（人によっては育児や介護も）を両立しています。昔と違い、今では仕事や家事を助けてくれる便利な電化製品もたくさんあります。ですから、「今は普通に暮らすことに昔よりも手間や配慮が必要」という話をすると「そんなバカな！」「何を甘えたことを！」という反応があるのも不思議ではありません。

　しかし、電化製品を適切に動かすためにはまず設定が必要ですし、家電に人間のような柔軟な対応は不可能です。例えば、洗濯機であれば洗濯自体はできても、洗濯物のなかから手洗いしなければならないものを選び出してはくれません。汚れがひどい場合には、下洗いも必要です。洗濯が終われば、干す（乾燥機にかける）、畳む、しまうという作業がありますが、この工程は今のところ人間が行っています。洗剤も自分で適切なものを探して購入し、なくなったら補充しなくてはなりません。

　現代社会では、肉体労働については格段に負担が減りましたが、作業に入る前には何をするのか選択・決断し、工程を考え、チームで取り組む場合には担当を決めて作業を割り振る、パソコンなど機械を使いこなすためのスキルを習得するといった頭脳労働はむしろ増えています。さらに、協働作業をする相手への気遣いといった精神的な配慮については、以前よりずっと高度なレベルで求められるようになりました。

組織内でのメンテナンスとフォローの重要さ

　頭のなかのイメージを行動に移すとき、必ずと言っていいほどズレが生じます。「あれ？　思っていたのと違った」となるのは発達障害のある人に限らず、誰もが経験することでしょう。そのズレを適度なレベルにするための調整が必要です。こうした調整のための努力は表面化されにくい分、気がつけば疲労困憊していることもよくあります。障害者雇用の現場でも、同様のことが起こり得ます。企

業側、とりわけ当事者のサポートを担う人は、採用した発達障害の
ある人と職場／同僚たちとの間にある認識のズレ、行動のズレに対
して手間をかけ調整しようとしています。こうした配慮に対する評
価、承認を忘れてはいけません。

　前の項でも触れましたが、「機械を使えば便利」と言うとき、人
による機械そのものの初期設定や、使い続けるためのメンテナンス
についての視点が抜け落ちています。例えば、今や日常生活に必須
の移動手段となりつつある車は、私たちにとってとても便利な存在
ですが、ブレーキがうまく作動しなかったり、人間が操作を誤れば
大事故を引き起こしてしまいます。だからこそ車検や免許制度で安
全性を担保し、それでも補えない万が一の場合に備えて保険にも入
るのです。このようなことからも、便利さと引き換えに、私たちは
相当多くの手間とお金を費やしていることがわかります。便利な仕
組みが機能するには陰で膨大な手間と時間をかけ、メンテナンスや
フォローをする必要があるのです。

　組織にも同じことが言えます。障害者雇用に限らず、保育や介護
の現場でも、利用者のみならず、サポートする家族や介護施設のス
タッフをどう支えていくかがよく課題になりますが、発達障害のあ
る人をサポートする同僚、上司、支援者といった縁の下の力持ちと
しての役割を担う人たちへのフォローが大切です。

障害のある人のコミュニケーション革命

　一方、技術革新によっていわゆる社会的弱者とされる人たちのコ
ミュニケーション機会は確実に増えました。夫も自分が制作したソ
フトウエアに対して、視覚障害のある人たちが「こういう物を待っ
ていた！」と評価してくれたことがプロジェクトを続ける原動力の
1つになっているようです。そして、それをきっかけに視覚障害の
ある人が印刷物の情報へのアクセスに苦労していることを知り、
print disability（出版物へのアクセスが困難な障害）について著者
と出会う前から彼らと交流していました。

　パソコンやインターネット、そしてスマートフォンといったデジ

タルデバイスは障害のある人のコミュニケーションに革命をもたらしたのです。夫も著者も仕事のかなりの部分を在宅でできるようになったのは、この20年ほどでネット環境が格段に向上したからですし、以前にはなかなか出会えなかった世界各地の人たちと、ネットを通して交流しています。

　例えば、夫が立ち上げているオープンソースプロジェクトには、自分たちで作った技術書の同人誌を販売している若手技術者たちが集まり、世代を問わず活気ある交流をしています。同人誌なら商業出版では利益が難しいジャンルの本も作れますし、新しい技術の公開に関してもタイミングを逃さずに情報をシェアできるという重要な役割を果たしています。今までなら「儲からないから」「市場が限られているから」という理由で断念していたものでも「効率よく小ロット商品を数多く作れる仕組みができれば、広く浅く利益を得られる可能性がある」といった新しい世界が見えてきたのです。会議などもネット回線を使えば遠隔からの参加も可能ですし、チャット形式のコミュニケーションなら翻訳ツールを使って場所や言語、そして時間という制約も軽減できます。

　それでも、このような仕組みが成立するには陰に膨大な手間をかける必要がある事実は変わりません。便利さは、自分本来の能力や機能以上のものを道具や他者といった外部に託すことで可能となります。その託し方が適切なのか、便利さに振り回されたり過度な依存をしていないか、という自分を制御する能力も今まで以上に求められていると著者は感じています。

社会の変化を意識した障害者雇用を

　ここまで、障害のある人が職場に定着するために企業側が受け入れに際して検討した方がいいことを著者なりに整理してみました。納得された方もいらっしゃるかもしれませんが、一方で「いくら会社が努力しても限界がある」「会社がいつまで続くかもわからないのに、きめ細やかな障害者雇用や支援と言われても……」とどこか釈然としない気持ちになった方もいることでしょう。

企業は社会のなかに存在していますから、世の中が大きく変われ
ば、当然企業のあり方もそれに伴って変化するはずです。だからこ
そ企業側も模索し、障害者雇用などにも取り組まれているのだと思
います。「会社」という組織のなかにいるとビジネスの話ばかりに
なりがちですが、当然その外側の世界も目まぐるしく変化していま
す。社会の変化、そして、その社会を生きる現代人の生活の変化に
も目を向けて、仕事や企業組織のあり方を考えることで、ここまで
述べてきた事柄の必要性が見えてくると著者は感じています。

▶ 発達障害のある人は増えているのか？

労働環境の変化がもたらしたもの

　主に企業の経営や人事を担っている世代であろう50代後半以上
の方（特に男性）とお話していると「でも、発達障害のある人って
昔からいたよね？ 最近こんなに問題になっている理由って何？」
と度々質問されます。理由は1つではないと思いますが、著者は社
会の大きな変化と、それに伴い労働力の需要と供給のバランスが崩
れてきたことが主な理由だと考えています。

　インターネットの普及を例に考えてみましょう。現在、ネット環
境の改善により、以前なら考えられないほどの規模やスピードで取
引が進められていますから、一人あたりがこなさなければならない
仕事量は膨大です。著者は以前、医療現場で働いていましたが、新
しくかつ高度な技術がどんどん開発され、現場で求められるスキル
は増す一方でした。しかし、スキル（資格）を持っている人は限ら
れていますし、予算との兼ね合いからなかなか新しい人を雇えず、
いつも人手不足の問題を抱えていました。その結果、次々来る仕事
に追われ、長時間労働が当たり前という状態でした。さらに最近で
は、接遇マナーやチームワークといったコミュニケーション能力も
高度なレベルが求められています。

この辺の事情は、職種を問わずどんな企業でも似たり寄ったりの状況ではないかと思います。つまり、働くために必要とされる最低限のレベルがいつの間にかどんどん上がる一方で、企業側には新人を養成する余裕がないため、入社当初からずっとトップギアで働くことを求められているのです。そのため、発達障害のある人の場合、障害特性が影響して、定型発達の人よりも早い段階で行き詰まってしまう場合が多いのでしょう。

発達障害のある人を悩ませる職場の「空気」

日本では、「手間暇をかけることは素晴らしい」「手書きのものは温かみがある」といった時間と人手をかけることを賞賛する傾向がありますが、ギリギリの状態で働いている今の労働環境でそのような姿勢を求めるのはかなり酷な話です。「他者を楽にするために働く」「長時間会社で働く」ことも美徳とされますが、現在の社会情勢では自分のために他者を利用する人にどんどん搾取されてしまう可能性も高くなります。

特に発達障害のある人の場合、上記のような基準は曖昧だけど高く評価されるような習慣に対して、それらが求められているという「空気」に気がつかず、周囲との間に軋轢を生じさせるか、反対にどこまでやればいいのか、ゴールが見えないぶん手を抜けずに全方向で頑張ろうとして、心身のいずれかに限界がきてしまいます。

人が快適に暮らすことを目指した現代社会は、今や人間本来の成長ペースよりずっと速いスピードで物事が進むようになりました。その結果、単純作業やルーティンを繰り返すような発達障害の特性がある人が得意とするタイプの職種の多くは、今後はAI（人工知能）が担い、人間が担う業務は交渉術や調整力の必要な小学校教師など、高度な業務になると言われています。

このように、労働環境の変化に伴って、業務に必要な実務スキルに加えて、コミュニケーション能力など、発達障害のある人が特に苦手とするスキルが求められるようになったため、就労につまずく発達障害のある人が増え、当事者への支援、ひいては就労後の職場

定着が注目されるようになった、というのが実際のところかと思います。

支援者に求められる姿勢

　前述した職場で求められるスキルの変化は、発達障害のある人に限った話ではありません。著者が仕事で会う20代〜30代の方たちは医療、福祉、そして保育や特別支援教育の関係者が多いのですが、とても真面目かつ優秀で、研修や講演をすると熱心に話を聴いてくれますし、講義後は質問したり、話しかけたりしてくれます。その一方で、彼らとやり取りをしていて感じるのは、支援者に課せられるプレッシャーや同調圧力の強さです。

　彼らが働く現場は、多様性に溢れる場所です。支援対象である社会的弱者とされる人たちが抱える問題は複雑で、解決しなければならない課題は1つではないことが多いのです。ある問題が二次的な問題を生み出し、さらにその問題が当事者の貧困につながっているというケースもよくあります。このように、課題がそれぞれに異なる社会的弱者の人たちと向き合う現場では、何か1つ、全員で共有できるような暗黙のルールが通じません。家庭環境など、一人ひとりの背景も様々ですから、支援者の一斉指示やグループ内での集団行動についていけないケースも多いのです。

　ですから、本来はこのような分野にこそ人手や手間をかけ、支援者の創造的な発想や、当事者一人ひとりが抱える問題に応じた柔軟な姿勢が求められるのですが、急増する需要に人材の供給が追い付かない状態が続いています。少ない支援者で多くの利用者に対応せざるを得ず、結果として「指示に従えるように」「集団行動についていけるように」という指導目標が出てくるのです。

　支援の現場のように、多様性を意識した組織では「これだけは守ってください」という最低限のルールが明示されますが、そのためかえって規則を守ることに注意が向けられがちです。ですから「これはできてほしい」という最低レベルや「これは守ってほしい」という項目がどんどん増えてしまい、結果としてルールにがんじがら

めになってしまいます。

　もちろん守らねばならない項目はありますが、そのことにとらわれてしまうと、本来の目的である支援業務がうまく機能せず、息が詰まって自分の力に限界を感じることになります。「そもそも、なんでこんなルールがあるんだっけ？」「この支援が良いとされている理由は何だっけ？」といったように、自分自身の支援に対する考え方を深めることが困難です。最低限守ってほしいレベルとある程度の柔軟性をどう両立させるかは、安全面なども配慮しつつ検討する必要がありますが、現場だけに責任を押し付けていてはスタッフは疲弊し、さらに人が減ってしまいます。

　発達障害のある人を含めた社会的弱者とされる人たちへの支援について、他人事として考える人もいるかもしれませんが、保育所や介護施設、ひいては学校等に家族を預けて働くスタッフもいますし、医療や福祉サービスを利用しながら働いている人も大勢います。ですから、この話はどんな人にもどこかでつながっていることを意識してほしいのです。

　人手不足の現状を改善するには、当事者／支援者という枠組みを超え、「お互いの長所を活用する」という関係を意識することが重要です。ですから本章前半で解説した『構造化』のスキルは有効でしょう。構造化によって課題対応のメリットがわかれば業務にも取り組みやすくなりますし、これこそ多様性がもたらす効果だと著者は考えています。

発達障害のある人の定着支援、
でもその前に…

就労移行支援事業所さら就労塾@ぽれぽれ **安尾真美**

はじめに

　このコラムでは、著者が所属している NPO 法人さらプロジェクトが運営する「就労移行支援事業所さら就労塾@ぽれぽれ」（以下、さらぽれ）の支援方針をもとにお話をしていきます。

　2007 年、「障害者にパソコンを教えて何になるの？」という声が聞こえるなか "さらぽれ" の就労移行支援はスタートしました。当時は障害者雇用といえば清掃や社内便・郵便の仕分けのような作業系の仕事が中心でした。しかし、この十数年で障害者雇用を取り巻く環境は大きく変化し、今では多くの就労移行支援事業所でパソコンを使った職業訓練が行われ、なかにはプログラミングや web 制作といったより専門的な訓練を行うところも出てきています。

　雇用する企業側の求人にも、業務内容や待遇面での変化が見られます。事務・事務補助の仕事に加えて、専門的な職種や正社員の募集も増えてきました。当事者をはじめ障害者雇用に関わる人たちの試行錯誤の積み重ねにより、障害者をめぐる就労の状況は様変わりしたと言っても良いと思います。

　そんななか、今回「発達障害のある人の定着支援」というテーマでコラムを書くことを「わかりました！」と快諾したものの、実はこのテーマには少し「もやもや」とした思いもあります。そのあたりを中心にお話していきたいと思います。

　最初に申し上げておくと、著者の「もやもや」は、定着支援について、

- 障害者とりわけ精神障害者の離職率が高い
- 定着支援を受けていると定着率が高くなる
- だから定着支援を強化する必要がある

と言われていることに対して、「それって障害関係ある？」と思うところ

にあります。離職の原因には「いや、それは誰だって辞めるでしょう！」というものも含まれており、障害者を一人の「人」として見ているのだろうか？　と疑問を抱くケースもあります。

　つまり、障害のある人が職場に定着しない理由を障害に起因するものと、それ以外に分けて考える必要があると言いたいのです。そして、定着支援そのものはとても重要なことではあるけれど、その前にそれぞれの立場でやるべきことがあるのではないかと思うのです。そこで、このコラムでは定着支援そのものというより、定着のために当事者・支援者・企業のそれぞれに必要と思うことを述べたいと思います。

"さらぽれ"とは？

　本題に入る前に"さらぽれ"のことを紹介します。

　NPO法人さらプロジェクトは2000年に活動を開始し、2007年から就労移行支援事業に取り組んでいます。2020年現在、5つの事業所を運営しています。事業所ごとにバラツキはありますが、平均すると利用者の8割以上が発達障害のある人たちです。利用者の方々は2年という利用期間のなかで、職業訓練と就労支援を受け、就労していかれます。就労して1年後の"さらぽれ"卒業生の職場定着率は9割を超えています。

表1 ●さらぽれのミッション・ビジョン・支援方針

【ミッション】
　働きたいを形に
【ビジョン】
　困難があっても個々の能力を活かし、自らの可能性に挑戦しつつ、ともに働いている社会
【支援方針】
　就労は「させてもらう」ものではなく、自らが決意を固め、機会をつくり行動することによって実現するものである

　"さらぽれ"で行っている定着支援は以下の通りです。

◎就労後から6ヶ月間にわたって企業を訪問

　月1回、ご本人と企業との調整役として企業を訪問。就労後半年間は月に1回のペースで企業を訪問して、ご本人と企業との調整役を務めます。

◎就労定着支援事業（就労後7ヶ月目から最大3年間）

　定着支援の利用を希望する方と利用契約を結び、支援を行います。必要に応じて、企業への訪問や面談を実施する他、以下の取り組みもしています。

【さらぽれ Café】

- 月1回、金曜日の夕方もしくは土曜日のお昼に食事会を実施
- 就労した OB・OG が集まり、お互いに交流したり、職員に相談したりする場として開催

【さらぽれスキルアップ研修】

- 月1回、土曜日の午前中に2時間の研修を実施
- 就労中に生じる課題に対して、外部講師や職員が講師を務め、自身の今後に活かしてもらうための研修（以下、過去の研修テーマ）

　企業人事担当者が語る、就労後だからこそ深めていく必要のある自己理解
　キャリアアップに向けて──キャリアデザインの観点から自己理解を深める
　マーケティング分析の手法を使って自分のことを知ろう！
　マネープランの観点で障害年金の理解を深めよう
　会社の仕組みを知る──就業規則編
　会社の仕組みを知る──評価制度編
　ビジネスにおける聞く、読む　等

　"さらぽれ"は就労移行支援事業所です。障害のある人たちが「働く力」をつけて、自らの力で就労への道を切り開いてくための支援を行っています。さらに、就労するまでに、彼／彼女たちが地域で生活していくために必要な体制づくりをすることも大事だと考え取り組んでいます。

定着支援とは

　さて、このコラムのテーマである定着支援ですが、そもそも「定着」とはどういう意味でしょうか？　大辞林には「ある物・場所などにしっかりついて離れないこと」とあります。ということは、定着支援というのは職場に「しっかりついて離れない」ように支援することなのでしょう。そして、先にも述べたように、障害のある人の離職率が高いことから、就労後の定着支援の重要性が叫ばれています。

　現在、就労移行支援事業所には、利用者の就労後、半年以上の定着支援を行う努力義務があります。さらに、2018年度からは、就労後7ヶ月目

から最大３年間利用できる就労定着支援事業が始まりました。

表２●就労定着支援事業の定義

【就労定着支援事業】
　生活介護、自立訓練、就労移行支援又は就労継続支援（以下「就労移行支援等」という。）を利用して、通常の事業所に新たに雇用された障害者の就労の継続を図るため、企業、障害福祉サービス事業者、医療機関等との連絡調整を行うとともに、雇用に伴い生じる日常生活又は社会生活を営む上での各般の問題に関する相談、指導及び助言等の必要な支援を行う。
【対象者】
　就労移行支援等を利用した後、通常の事業所に新たに雇用された障害者であって、就労を継続している期間が６月を経過した障害者（病気や障害により通常の事業所を休職し、就労移行支援等を利用した後、復職した障害者であって、就労を継続している期間が６月を経過した障害者も含む。）

出典）厚生労働省 Web サイト「障害福祉サービスについて」
https://www.mhlw.go.jp/stf/seisakunitsuite/bunya/hukushi_kaigo/
shougaishahukushi/service/naiyou.html

　どうして「定着支援」が必要なのでしょうか？　もちろん大事なことだと思います。しかしながら、厚生労働省の新規学校卒業就職者の在職期間別離職状況によれば３年で３割が離職する状況は 20 年以上続いています。業種別にみれば４割、５割が離職している業種もあります。障害のある人には定着支援の必要性が語られますが、定型発達の新卒学生には必要ないのでしょうか？　両者の離職理由は全く異なるのでしょうか？
　著者は同じ理由もあるし、異なる理由もあると考えます。

離職する理由

　例えば以下のような場合、障害者だから離職するのでしょうか？

「頑張って仕事をしても評価されない」
「給料があがらない」
「仕事が自分にあっていない」
「仕事がないのでつらい」
「ここで働いていても先が見えない」

こうした理由での離職は障害者だから起こることかというと、健常者・定型発達と言われる人たちでも同じことだと思います。

一方で、障害に起因した理由で離職につながることもあります。例えば、障害のある人のなかには、以下のような理由で働き続けることが難しくなる方がいます。

「周囲の理解がなく、適切な配慮がされていない」
「体調管理がうまくできない」
「生活面に支障（片付けができなかったり、こだわりから、時間や様々なルールが守れないなど）が出ている」

このように、「仕事がおもしろくない／自分にあっていない」「先が見えない」といったような理由での離職と、障害特性のために業務や日々の生活面に支障が生じ、働き続けることが難しいということは別の問題です。

どちらの場合にも、それぞれの立場から取り組むべき課題を明確にして対応することが必要です。どうもそのあたりが曖昧なまま定着支援の話しをされることが多く、「もやもや」が晴れないのです。以下、それぞれの立場別に、離職の原因を整理してみました。

表3 ● 離職の原因として考えられること

	障害に関係すること	障害に関係しないこと
当事者	障害や特性についての自己理解が足りない。その結果、 ・適切に発信・ヘルプを求めることができない ・体調管理がうまくできない	自分の業務スキルや、向き／不向きをわかっていない。仕事があっていない。
支援者	障害者を支援する力量が足りない、育成する力がない。できないことが障害によるものなのかどうかを見極める力がない。 「障害だからできなくても仕方ない」と諦めている。	企業のことを知らない。応募者に表面的な就活支援を行っている。
企業	障害や特性についての知識がない。適切な配慮を行っていない。とりあえず数合わせで（法定雇用率達成のために）採用している。	障害のある人の仕事の成果を評価する仕組みが整っていない。仕組みがないので働く人のモチベーションを保てない。

当事者が取り組むべきこと

　では、「働き続ける」ために、当事者に必要なことはなんでしょうか？もちろん仕事をするためのスキルが必要です。仕事をするためのスキルとはなにかというと、指示理解と報（告）・連（絡）・相（談）ができること、そして働き続けるための生活をする力（自分の体調管理、身だしなみや食事、金銭管理など）だと思います。

　指示理解と報・連・相というと、当たり前のことと思われるかもしれません。仕事は、上司や先輩から指示を受けるところから始まります。その指示が正しく理解できないと、間違ったアウトプットをしてしまうことになります。どれほど業務スキルが高くても、インプットを間違えれば期待されたアウトプットは出てきません。

　発達障害のある人の場合、どのようなやり方なら正しく指示を理解できるのかというインプットの方法が人それぞれに異なります。聴覚優位の人もいれば視覚優位の人もいる。聞きながら書くことや、手書きでメモをとることが苦手な人もいます（p.165, 169）。障害のある当事者に仕事の指示を出す際は、まず、コミュニケーションをとろうとしている相手がどういう方法だったら正確に理解できるのかを把握することが大事です。

　また、仕事をしていたらわからないことが出てくるのは当然のことです。発達障害のある人のなかには、報告や相談をするタイミングがうまくつかめない、どのように伝えたらよいのかわからないという人もいます。指示する側は、当事者と一緒に、適切に報告・相談できる方法・手段を考え、そうした段取り力を本人が身につけられるように関わっていくことが大事です。

　そして働き続けるための生活力というのは、自分が望む働き方に合わせた生活をする力です。毎日出社して働く、在宅で働く、短時間・フルタイムで働く、週4日・5日働く、電車で行くのか自転車や徒歩で行くのかなど、それぞれに希望があるでしょう。どんな働き方をするにしても1日が24時間というのは変わりません。働くこと以外に睡眠時間がどれくらい必要で、食事や入浴など身の回りのこと、気持ちを切り替えるために自分の時間はどれくらい必要なのかを把握しなくてはなりません。また、発達障害のある人のなかには、睡眠障害を抱えている方も多く見られます。主治医や支援者と相談しながら働くための生活リズムを作っていく必要があります。加えて、生活をしていくうえでの困りごとは誰に相談し、どの

ように解決していけばよいのかを決めておくと役立つでしょう。

　これらの仕事をするスキルと生活をするスキルの上に、それぞれの職場で実際に行う具体的な業務のためのスキルが求められます。

支援者に求められること

　支援者は、上記を踏まえたうえで当事者の支援を行う存在だと考えます。障害のある人が、職場に定着しない原因の一部には支援者・支援機関がやるべきことをやっていないということも含まれているのではないでしょうか。どんなに業務上のスキルがあっても発揮できなければ働けません。企業は仕事の対価として給与を支払うのですから、障害のある人が持っている力を、あるいは新たに獲得した業務スキルを発揮するにあたって必要な支援をしていくのが著者を含めた支援者の役割だと思います。

　そして、その際に大事なことは当事者のできないこと、苦手とすることが、障害特性ゆえにできないのか、それとも知識・経験が足りないからできないのかを見極めることだと思います。障害ゆえにできないことであれば、ともに対策を考え、知識・経験がないからできないのであれば、教育・訓練を行い、できることを増やしていく。さらぽれに来る方々と接していて思うのは、発達障害のある人には知識が偏っていたり経験が少なかったりする方が多いということです。

「障害者だからできなくても／わからなくても仕方がない」
「ASD（自閉スペクトラム症）だから、ADHD（注意欠如・多動症）だから
　○○は苦手で当然」

と支援する側が思ってはいないでしょうか。

　彼／彼女らの働きたいという思いを実現するためには、できないことにもチャレンジし、失敗や試行錯誤を繰り返しながらも成長できる機会を作っていくことが大事です。苦手なことや、やったことのないことにチャレンジするのは発達障害のある人にとって、とても負荷のかかることです。支援者にとってはできないことを「障害だから仕方ないよね」と、障害のせいにしておけば楽です。けれども、それが本当に職場で困っている当事者のみなさんが望んでいることなのか？　表面的な「ご本人の意思」に甘えていないか？　私たちは常に自分自身に問いかける必要があると思いま

す。

　もちろん大前提として、当事者本人と「なぜ・なんのために」やるのか
ということをお互いに合意をしたうえでの話です。

企業に求められること

　では、発達障害のある人の職場定着のために企業に求められることはな
んでしょうか？　それは、①採用したい人物像を明確にすること、②障害
のある人が働くための環境整備を行い、人事評価制度などの仕組みを作る
ことだと思います。

◎どんな人と一緒に働きたいのか？

　採用したい人物像を明確にするというのは、障害者雇用に限らず、通常
の採用活動で皆さん行っていることだと思います。さらぽれでも企業から
採用について相談を受けることが度々あります。ただ、「どんな人を採用
したら良いのでしょうか？」と聞かれても、「それは御社がどのような仕
事をやってもらいたくて、どのような人を求めているか次第です」としか
答えられません。任せたい仕事とそのためにどんな人物が必要なのかを明
確にすることが、雇用のミスマッチを防ぐ最初の一歩だと思います。

◎障害のある人が活躍できる環境とは？

　次に、障害のある人が働くための環境整備とは、例えば、

● 聴覚過敏のある人にはノイズキャンセリングヘッドホンの使用を認める
● いろいろなものが見えると集中できないという人には机の配置を考えた
　り、パーテーションで仕切ったりする
● 聞き取りよりも文字情報でのやり取りのほうが指示理解や報連相もスムー
　ズにできるという人には、社内チャットなどのツールを活用する

というような物理的な対応です。

　ここで重要になってくるのは、当事者の障害特性に対する自己理解とそ
れを伝える力、そして支援者がどれくらい本人のことをわかっているかと
いうことです。採用のときには、仕事をするうえで障害ゆえにネックにな
っていることが何なのか、そしてそれはどうすれば対応可能なのかを企業

の担当者は当事者と支援者から聞く、すでに雇用している社員であれば、ともに様々な手段を試してみるということが大事だと思います。

また、障害のある人の仕事に対する評価制度が未整備の企業も見受けられます。最初は仕事を覚えることで精一杯でも、徐々にできることが増え、慣れてきたときにふと、「このままここで働いていてどうなるのだろう？」という思いが出てくるのは、障害のある人に限った話ではありません。「ここで続けていても先が見えない」と思えば転職を考える人が出てくるのも当然です。

現行の人事考課制度との整合性を考えると、障害のある従業員のために評価制度を用意するのは難しいとおっしゃる企業もあります。それでも、今後さらに多様な働き手・多様な働き方が広がっていくダイバーシティを意識すれば、必ず必要になってくる制度だと思います。ぜひこの機会に整備することを検討いただきたいと思います。

おわりに

最近、企業の障害者雇用担当の方から、外部の支援者が就労希望の障害のある人に対して、面接対策と称し、できないこともできると言うよう指導していたという話しを聞きました。これには支援機関に身を置く立場からすると本当に情けないというか、憤りを感じます。企業の皆さんには、障害のある人を採用する際には応募者である当事者本人だけでなく、どんな支援者・支援機関がついているのかもしっかり見極めていただきたいと思います。

最後に、私たちが接しているのは、障害者である前にこの社会で一緒に生きている「人」です。男性とか、女性とか、障害者とか……人にはいろいろな属性があります。でも、どうか支援機関の方も企業の方も、そうした属性にとらわれることなく、まずは目の前にいる「人」がどんな人なのかを見ていただきたいと切に願います。

第 **5** 章

発達障害のある人の
本音と合理的配慮

▶ 発達障害のある人と一緒に働く

　発達障害のある人を雇用し、一緒に働き始めると、オフィスの環境や仕事の進め方など、従来の労務管理の方法では上手くいかず、多少の変更が必要になることがあります。それまでの基準にとらわれていると、障害のある社員からの配慮の申し出に対して「特別扱いすることになるのではないか？」と心配になったり、さらには「どこまでがわがままで、どこからが合理的配慮なのか？」という問題に直面して迷ったりすることになります。

　みなさんの職場で、一緒に働く発達障害のある人から合理的配慮の要望を受けたとき、自信をもって対応できるようになるには、障害についての正しい知識と、当事者一人ひとりの状況に応じた柔軟な姿勢が求められています。

合理的配慮について

　合理的配慮とは「障害のある人が日常生活や社会生活を送る上で妨げとなる社会的障壁を取り除くために、状況に応じて行われる配慮」（デジタル大辞泉）のことを言います。2016（平成28）年「障害者差別解消法」が施行され、行政機関や民間企業等の事業者に対して、「障害を理由とした不当な差別的取り扱いの禁止」と「合理的配慮の提供義務」が課されるようになりました。

　企業が合理的配慮を提供するにあたっては、まず配慮を必要とする本人による意思表明が必要です。どのような理由でどのような配慮を希望するのか、当事者と企業の間で話し合い、双方の認識と理解を深めます。細かい点まで話を聞き、状況を確認し、合意形成していくことになりますが、本人の希望する配慮の提供が費用面などから難しいときには、「過重な負担」を理由に、企業は配慮の提供実施を断ることができます。ただし、その場合には、当事者に対して配慮を提供できない理由を説明する義務があります。

実際、職場では発達障害のある社員が一方的に「○○はできませんので配慮してください」「○○してくれないと困ります」と多岐にわたって要望を伝えてくるために、どこまで応じればよいのだろうかと悩ましく感じられることがあるでしょう。お互いを尊重して話し合い、丁寧に合意形成を進めていくことが何より大切です。

　厚生労働省が発表している合理的配慮指針では、企業は自社の障害のある社員に対して、職場において支障となっている事情の有無を確認し、その障害者社員の有する能力の有効な発揮に支障となっている事情があれば、その改善のために本人が希望する措置について検討し、話し合いを行うこととされています。事業主からの確認を待たず、障害のある社員から支障となっている事情を申し出ることもできます。

　事業主は、合理的配慮の提供が必要であることを確認した場合には、どのような措置を講ずるかについて話し合います。合理的配慮に関わる措置が複数ある場合には、双方で話し合い、本人の意向を十分に尊重したうえで、複数の措置のなかから、より提供しやすい措置を選択して対応します。

　障害者社員が求める措置が、事業主にとって「過重な負担」に該当する場合には、話し合いのうえ、過重な負担にならない範囲で、合理的配慮に係る何らかの措置を講じる必要があります。

　では、具体的に合理的配慮とはどのようなものでしょうか？ 障害のある人の個々の状態や職場の状況等に応じて求められる配慮が異なります。一人ひとりの特性には多様性があり、かつ個別性が高いとされていますので、具体的に例示するのは難しいですが、代表的なものとして、厚生労働省の合理的配慮指針事例集から、発達障害のある人への配慮例を紹介します（表5-1）。

表 5-1 ●合理的配慮指針事例集（厚生労働省障害者雇用対策課）別表より

【募集及び採用時】
- 面接時に、就労支援機関の職員等の同席を認めること。
- 面接・採用試験について、文字によるやり取りや試験時間の延長を行うこと。

【採用後】
- 業務指導や相談に関し、担当者を定めること。
- 業務指示やスケジュールを明確にし、指示を一つずつ出す。作業手順について図等を活用したマニュアルを作成する等の対応を行うこと。
- 出退勤時刻・休暇・休息に関し、通院・体調に配慮すること。
- 感覚過敏を緩和するため、サングラスの着用や耳栓の使用を認める等の対応を行うこと。
- 本人のプライバシーに配慮した上で、他の労働者に対し、障害の内容や必要な配慮等を説明すること。

心がけたいポイント

　発達障害のある社員からの合理的配慮の申し出の際に、注意しておきたいポイントをいくつかまとめました。

◎迅速な対応

　発達障害のある人で一般就労経験があり、言語能力も高い場合には、障害があることをまったく感じさせない人も少なくありません。しかし、発達障害の特性は見た目にはわからないことが多いというのが実情です。

　第1章で説明している通り、発達障害のある人は感覚過敏等の特性を持っていることが多く、職場の環境面の改善について、配慮提供の要望を伝えられることがあります。例えば、聴覚過敏のある社員から、自分の席が出入口に近いため人の出入りが多く、物音が気になって仕方がないと、席替えを要望されたとします。これが定型発達の社員からの要望であれば、しばらく我慢してもらうことも選択肢の1つですが、聴覚過敏がある人の場合には、体調を崩すほどつらい状況であることも考えられます。

　また、発達障害のある人は何らかの質問や要望をした場合、回答を心待ちにしています。回答が遅いと、「なぜ答えてもらえないのだろう。自分の聞き方が悪かったのではないか？」などと考え続け、

ストレスを感じ、体調を悪化させてしまうこともあります。いずれの場合にも、要望には速やかに対応する必要があります。

◎合理的配慮の提供プロセスを記録する

　合理的配慮の提供プロセスは、まず、①当事者本人からの配慮提供の申し出があり、それに対して、②企業と本人の間で話し合いを行います。そして、③双方が合意し、（左記の例で言えば）席替え等の対応を行うことができればよいのですが、④何らかの理由ですぐに対応ができない場合にはその理由を伝え、⑤代替案を検討します。聴覚過敏により物音が気になるということであれば、耳栓等を利用するのも1つの対応策かもしれません。

　また、お互いの理解に齟齬がないように、話し合いの結果合意した内容を記録として残すことは、双方の理解と後のトラブルを防止するためにも有効です。

◎真摯な対応

　これまでの障害者雇用では、面談のなかで上司が障害のある社員の話を聞き、状況は改善されなくとも、話を聞いてもらったということで、本人がとりあえず納得していたケースもあったと思います。古いタイプの管理職のなかには、「わかった、わかった」などが口癖の方がいるかもしれません。何でも言葉通りに受け取ってしまう発達障害のある人がこの言葉を聞くと、自分の要望が100％受け入れられたと思いこみ、いつから配慮が実施されるのかと心待ちにしてしまうとも限りません。お互いの考えに齟齬が生じないように注意が必要です。

　また、発達障害のある人はその障害特性から、言われたことを決して忘れることはなく、質問に対する回答をうやむやにされて納得することはありません。いつまでも待ち続け、時には回答を催促することもあるでしょう。発達障害のある人からの要望は迅速に検討し、希望する配慮を提供できないときには、できない理由を説明しなくてはなりません。発達障害のある人たちは白黒はっきりつけた

い性格ですから、回答が遅いとストレスにもなりますし、我慢できないという気持ちも大きくなっていきます。要望に対して回答することなく、放置しておくと、本人がそれを不服として通報（障害者虐待防止法に係る通報・届出）することもないとは言いきれません。障害者虐待防止法に係る通報・届出が行われると、行政機関が調査に入ることになります。障害のある社員から環境改善を図る要望を受けたときは、迅速に、真摯に対応したいものです。

　もう1つ、職場でよく使われるフレーズに「前例がない」「あなただけ特別扱いできない」があります。この言葉が発達障害の人が働く職場で聞かれる場合には、障害を正しく理解できていないと言わざるを得ません。発達障害のある人の障害特性は個々に状況が異なります。業務遂行のためには何らかの改善措置が必要であると本人が判断し、職場に配慮を申し出ているわけですから、前例がないのは当たり前です。丁寧に話を聞き、どうしたら本人が要望する配慮を提供できるのか、一人ひとりの状況に合わせて対応できるように、あらゆる手段を検討し講じるべきでしょう。

▶ 発達障害のある人が苦手なこととその理由

　発達障害の特性は、第1章で読者の皆さんにわかりやすいようにシーン毎に説明してきました。しかし、その特性による困りごとは環境や条件により、表出することもあれば表出しないこともあります。どのような条件が重なると障害特性が表出するのか、明確に意識できている当事者は少ないのではないかと思います。

　そこで、発達障害のある人を周囲はどのように迎え入れ、本人が抱えている困りごとにどのように対応していけばよいのか、長年、彼／彼女たちと交流を続けてきた著者の経験から、具体的にお伝えしたいと思います。

本人が困っていることを理解する

　発達障害のある人の困りごとは、定型発達の人には考えられない程些細な出来事が原因となっていることがあります。本人がつまずきの原因を認識していないこともありますし、つまずいていること自体に自覚がない場合もあります。仕事のストレスや疲労から、特性が強く出てくることもあります。

　いずれにしても、企業と当事者との間に齟齬が生じていることは明らかですが、原因の判明と対策についてははっきりと答えが出るものではありません。いくつかの例を紹介しながら見ていきます。

◎注意の分散が苦手

　発達障害のある人のなかでも ADHD（注意欠如・多動症）タイプの人は、ミスが多かったり、気をつけていても漏れが生じてしまうことが知られています。これは「注意力の欠如」や「衝動性」といった障害特性が影響し、そのときそのときで頭に浮かんだことを口に出してしまったり、気になった物を手に取ったりすることのほうが優先され、今取り組んでいる作業が後回しになってしまうからです。一言でいうと、気が散りやすいということになります。そのため、視界に飛びこんでくるものに対する瞬間の衝動に気を取られ、やるべきことを先送りしてしまったり、時には忘れてしまう傾向があります。

　一方、ASD（自閉スペクトラム症）タイプの人のなかにも大事な約束や予定をよく忘れてしまう人がいます。ASD タイプの人には、社会的なコミュニケーションや他の人とのやりとりが上手くできないという特徴の他に、興味や関心が偏るといった特徴があります。自分の好きなことについては豊富な知識を持ち、専門家のようにとうとうと説明したがる "玄人はだし" の人も少なくありませんが、一方で、本人が興味のないこと、関心のないことは頭のなかから抜け落ちてしまうのです。

　また、ASD タイプの人は情報の細部に注目する傾向がありますが、細部にとらわれるあまり、作業に時間をかけ過ぎて最後まで物

事を遂行することができないという課題を持つ人もいます。こうした興味の偏りが集中力にもつながり、結果として専門性の高さとして強みを発揮する場合もあります。

　このようにASDタイプの人は集中力の持ち主ではあるものの、それは非常に限定された範囲に向けられており、バランスよく全体に注意を分散させることは苦手です。つまり、1つのことに集中しやすく、他のことは忘れやすいと言えるかもしれません。

　それでは、集中力を分散することが上手くできない、忘れっぽいといった特性の発達障害のある人たちと、どのように接したらよいのでしょうか？ 本人たちは精一杯努力しても、他の人たちのようには上手くできないという苦い経験を持っています。なかには、服薬によって劇的に改善されたという人もいますが、すべての人に服薬が必要ということでもなく、体質的に薬の使用が難しい人もいます。

　発達障害のある人たちは働き続ける間にゆっくり成長していきます。様々な工夫や努力でいずれはできることも増えていくでしょう。発達障害のある人たちの忘れっぽさ、注意散漫ぶりは脳の働きの違いによるものです。周囲の人たちはそれを理解し、繰り返し声をかけ、業務上、必要な締切りの前にはリマインドするのが適切な対応と言えるのではないでしょうか？

◎同時に2つのことはできない

　集中力が偏ったり、注意力が分散するという障害特性を持つため、発達障害のある人のなかには同時に2つのことを行うのは至難の業と感じている人が少なくないようです。あるADHDタイプの人は、文書の封入封緘作業が苦手と話してくれました。どんなに注意を払って宛名を確認しても、違う人宛の文書を封入してしまったり、何回数えても封筒や文書の数が合わなくなってしまうそうです。

　また、間違えないように声を出して指差し確認をしながら作業をしても、確認するそばから、声に出す数字と指差す数字がズレていってしまうと打ち明けてくれたASDタイプの人もいました。二人

とも学生時代の数学の試験では良い成績を修めていましたし、計算も得意なほうですが、封入封緘や指差し確認といった他の動作を行いながらという状況になると、それ自体どんなに単調な作業であっても上手くできなくなってしまうのです。

◎コミュニケーションでの課題

　発達障害のある人の感覚過敏／感覚鈍麻に関する障害特性については第1章で説明しましたが、状況を具体的にイメージするために、以下、職場のコミュニケーションにおける課題について、当事者による説明から見てみましょう。

【聞き洩らし】

本人談：「短期記憶力が弱い（鍛えることも難しい）ため、聞き漏らしが生じてしまうことがあります。極端な場合には、聞いてからメモをとる間に忘れてしまっています」

　発達障害のある人に対する指示がうまく伝わらない理由は、短期記憶の問題に加え、言外の意味、話し手の表情やイントネーションなど、非言語のコミュニケーションが理解できないという特性にあります。

　そもそも発達障害のある人の考え方は、定型発達の人の認知とはズレていることが多く、自分の意図が思う通りに周囲に伝わらないことに驚き、混乱し、それが相手とのコミュニケーションにさらに影響してしまいます。

【抽象的な言葉が苦手】

本人談：「チームワークという言葉は知っていますが、他の人と一緒に何か行動をしたことはないので、実際にチームワークがどのようなものかはわかりません」

　発達障害のある人は、ビジネスシーンで多用される抽象的な言葉

について、その言葉自体は知っていたとしても、意味を理解していないことがあります。例えば、職場ではよく「チームワークが大事」と言いますが、発達障害のある人が経験することなしに「チームワーク」の意味を理解することは難しいでしょう。

　日々の業務への指示についても、抽象的な言葉による説明では仕事を進めることができません。明確に「△△は□□する」というように、具体的な言葉を使った指示で逐一誘導しなければ、自分の行動に落とし込むことができません。

【あいまいな表現では伝わらない】
本人談：「『できるだけ早く』と言われたときは恐怖です。今日中なら何時までなのか、明日でもよいのか、今週中でも大丈夫なのか、いつまでに完成させればよいのか、まったく見当がつかないからです」

　発達障害のある人に対して、ミーティングの日時や作業の締切を伝えるとき、「第○何曜日」という表現ではピンとこないことがあります。定型発達の人の場合には、そのような言い方で日時を指定されれば、頭のなかにカレンダーを思い浮かべ、第○何曜日を確認することと思います。

　発達障害のある人たちは「○月○日○曜日」とすべて正確に伝えてほしいのです。あるいは、実際にカレンダーを指さしながら、「○月○日○曜日」と伝えるとより確実です。時間に関しても「○分後」「○分前」といった表現ではなく、「○時○分に」と具体的に伝えるのがよいでしょう。特に締め切りに関しては「来週くらいまでにこの書類の処理、よろしく」と言われた場合、「来週の○日の○時なのだろうか？」とひそかに悩み、困っているかもしれません。

　硬さや量を表すときに使われる「耳たぶぐらいの硬さ」「コイン大」「適量」といった言葉にも戸惑ってしまいます。耳たぶといっても、人によって硬い／柔らかいの感覚は違いますし、コイン大でも1円玉と500円玉では大きさが異なるからです。

　また、オフィスでは業務に直接関わること以外にも様々な会話が

交わされますが、定型発達の人の日常会話では主語を抜いて話すことが多いと思います。発達障害のある人は主語を抜いて話されると、何を言われているのかわからなくなってしまいます。他にも、会話の話題が急に変わったとき、発達障害のある人はその転換についていけません。そのようなときには「ところで、話題は変わるけど…」「そういえば、○○の件だけど…」というように、事前に前振りを入れます。また、業務達成までのスケジュールなどを説明するときには、順番が前後することのないよう時系列に沿って説明していくと理解しやすいでしょう。

　発達障害のある人が余計な神経を使い、疲れてしまうことのないように、周囲は日頃の会話にほんの少しだけ注意して、わかりやすく話すように心がけましょう。

【自分で考えろと言われても…】

本人談：「『どのようにすればよいのですか？』と職場で相談しますが、『自分で考えろ』と言われても、そもそも相手の求めていることがわかりません。自分なりに考えて対応した結果が、指示者の考えから大きくズレてしまうことがあります」

本人談：「表情等を読み取るのが苦手で、相手がどう思っているかを理解できず、相手に本当に理解してもらっているかがわからないため不安になります。自分の発言やメールを理解してほしいだけなのですが、相手が自分の話を理解できているかの不安から説明が冗長になり、理解できているかどうか、過剰に確認を行ってしまうこともあります」

　発達障害のある人と定型発達の人とでは、それぞれの認知にズレがあることが指摘されています。本人も自身の考え方と周囲の認識との間にズレがあるのではと不安に思っています。

　そうして、指示者の意図する結果を出せずにミスをしてしまったとき、発達障害のある人は感情を表に出さないため、淡々とした表

情や態度から「開き直っている」と受け止められてしまいます。

　相手の表情や声色から心情を推し量る力も持っていませんので、その結果、相手に何度も尋ねたり、自身が理解できているかの確認を何度も行ってしまうことになります。

　前述の通り、発達障害のある人は抽象的であいまいな表現が苦手です。業務内容を説明する際には具体的な言葉を使用し、正しく理解できるように伝えましょう。

　また、会話の内容は理解できたとしても、今度は相手に対してどのように返答するか、悩みに悩む人がいます。どのように返答するとわかってもらえるのか、あれこれ考えてしまうのです。そのため、特に瞬時の返答が求められる電話対応が苦手です。自分から電話をかけるときも、あらかじめ原稿を用意し、セリフを読むようにしないと言いたいことが伝えられない人もいます。

【細部に固執する】

本人談：「自分は細かい点も含め、仕事の全体像を理解してからでないと業務にとりかかれません。そのため、自分のやり方でないと仕事を進められません。細部へのこだわりは、自分の行動を変えることへの不安や、自分の考えに固執するところからきているのかもしれません」

　発達障害のある人のなかには、細部への固執から言葉尻にこだわり、何度も尋ねたり、確認を過剰に行ったりしてしまう人が少なくありません。こうしたこだわりから、些細な変化を読み取ることはあっても、それがどのような意味を持つのかまではわからず、相手の真意を正確に読み取ることはできません。

　さらに、自分から相手への発信が伝え漏れるかもしれないという不安から、発言やメールが非常に長くなってしまう傾向があります。結果として、相手に「面倒くさい人」と思われてしまうようです。

　仕事については、プロジェクトの全体像を把握してからでないと、業務にとりかかれません。そのため、作業をスタートするまでに時

間がかかります。周囲のみなさんには辛抱強く見守っていただき、こうしたこだわりは障害特性からくるもの、定型発達の人との間にある認知のズレに対する不安からくるものであることを理解していただきたいと思います。

【変化への不安】

本人談：「組織変更があると聞きました。上司が交代し、所属するチームのメンバー編成も変わるらしいので、自分を理解してくれている人がいなくなるのはとても不安です」

　発達障害のある人は、自分の行動を変えることへの不安が強く、自分の考えに固執し、自分とは違う相手の考えを理解し、臨機応変に対応することができません。そのため、現在相互理解ができている上司やメンバーの交代は、新たな人間関係の構築を意味することになるので、大きな衝撃です。周囲の環境のちょっとした変化にも弱く、席替えさえ（事前に聞いていても）、発達障害のある人の動揺は大きいものがあります。

周囲ができる対応策
◎聞き漏らし（短期記憶）がある場合
　メモをとるなど、なるべくスムーズにコミュニケーションをとるために本人が工夫をすることはもちろんですが、発達障害のある人の短期記憶の弱さを理解したうえで、先輩や上司から要約メモを渡すことも配慮の1つです。業務の効率化にもつながります。

◎要約した報告ができない場合
　発達障害のある人のなかには、要領よくまとめて話すことができない人が少なくありません。話すことが次から次に溢れてくる（ADHDタイプ）、些細なところまで伝えようとする（ASDタイプ）など、様々な理由がありますが、ポイントだけを話すようにと伝えても、急にできるようになるわけではありません。

この場合、どのように本人に伝えるのが適切なのか、交流のある当事者の方に対応策を聞いてみたところ、先輩社員が本人の報告を一通り聞いた後で、「ありがとう。○○は、こういうこと？」と要約したうえで返答し、確認するのがよいとの意見でした。

さらに、次のステップとして、「これから少しずつ、事前に話をまとめて報告するようにしていこうね」と本人が負担を感じないように、優しく道筋を示すのもよいようです。

就労定着と成長のためには、その都度軽く指摘することで本人に気づかせ、過度な負担のないトレーニングを課すことも、必要となってくるでしょう。

◎不安から生じる気持ちの動揺がある場合

発達障害のある人のなかには、いつも不安で仕方がないという人が少なくありません。自分が怒られているわけではないのに、他の社員が叱責されているのが聞こえただけで、不安になり、仕事が手につかなくなってしまいます。

些細なことで気持ちが動揺しますし、なかには感情のアップダウンが激しい人もいます。それまでの就業経験を通して、それぞれ自分の気持ちをクールダウンさせるための方法を身につけてきているはずなのですが、不安になる習性はなかなか変わるものではありません。動揺しているような様子が見られたら、職場から離れて少し休ませるか、早退させるなどの対応をとるのがよいでしょう。

▶ 発達障害の人が望むこと、一緒に働く人に求めること

発達障害のある人が考える理想の職場とは？
◎社員の異動や退職が頻繁でない職場

発達障害のある人は、自分を理解してくれる人が側にいることで安心して働くことができます。相談しやすく、多少変わっている自

分を理解し、穏やかに接してくれる先輩や同僚はかけがえのない存在です。そのため、相談しやすい上司や先輩の異動や退職には大きなショックを受けることがあります。新しい上司や先輩、同僚はどんなタイプの人だろうか、果たして自分を理解してくれるのだろうかと不安になるからです。新しい上司や先輩が体育会系の行動思考タイプの人の場合には、自分の体力のなさや不安になりやすい特性が理解されず、静かに業務に取り組むことができないと心を痛めることになるかもしれません。

◎新しい業務への挑戦

　発達障害と診断されてから、障害者雇用で就職した人のなかには、就職先を選り好みできる状況ではなく、採用されればどこでもいいからと入社した人も少なくないはずです。障害者雇用では、社内便の仕分け、配布やデータ入力など、比較的単調な業務が用意されていることが多く、慣れてくると飽きてしまう人がいたり、モチベーションを低下させてしまう人がいるかもしれません。

　就労定着のためには、入社直後の単調な業務から、どのように業務の幅を広げていけるかが鍵となりますが、新しい業務に挑戦したいという意志を自分で上手く伝えることができない当事者もいるでしょう。また、仕事の幅を広げたくとも、業務量が増えすぎるといっぱいいっぱいになってしまい、対応できなくなってしまうというジレンマを抱えている場合もあります。

　周囲の方々には、本人が業務に慣れてきたら、少しずつ新しいことにも挑戦できるよう道筋をつけていただきたいと思います。そして、苦手なこと、できないことを最初から避けるのではなく、挑戦していく当事者の背中を押す職場の風土を何よりも期待します。新しい仕事に取り組みたいと、勇気を出して職場へ申し出た本人の姿勢とやる気を応援していただきたいと思います。

◎理想の上司とは

　不安になりやすい発達障害のある人にとっては、決して声を荒げ

ず、常に穏やかな態度で、明確で具体的な指示をしてくれる上司が
かかせません。さらに、発達障害についての知識があれば文句なし
ですが、積極的に知ろうとしているだけでも十分です。

　障害特性の出方は個々に異なることを理解し、失敗したときに責
めるのではなく、どう改善できるか一緒に考えてくれることが、理
想の上司の条件です。さらに付け加えるとすれば、1つできないこ
とがあったとしても、それだけで評価をくださない柔軟な思考の持
ち主がベストです。

◎理想の同僚とは

　第1章にもある通り、感覚過敏等の影響から発達障害のある人の
なかには疲れやすい人が少なくありません。短期間は周囲と同じよ
うに残業して頑張ることができたとしても、日々の残業が積み重な
れば疲れが溜まっていきます。また、疲れていることを自覚しにく
かったり、気候や気圧の変化を受けやすいこともあり、気がついた
ときには体調不良で朝起き上がることができない状況まで悪化して
いるということも起こり得ます。

　そこで、当事者の疲れ具合を察してくれる人、常に穏やかに接し
てくれる人、仕事上でのミスを優しく指摘してくれる人、なおかつ
仕事以外の些細なことでも親切に助言してくれる人などが理想の同
僚の条件と言えます。当然のことながら、発達障害のある人、本人
の謙虚で誠実な姿勢があればこそ、周囲も精一杯応援しようという
気持ちになるのだと思います。一方的に配慮ばかりを求めても、良
好な人間関係を築くことは難しいでしょう。

発達障害のある人が考える職場でほしいサポート

● 「疲れやすいことを理解してもらいたい」

　本人に状況を確認し、体調が悪いようだったら、すぐに帰宅させ
るようにします。他の人はみんな残業しているのに自分だけ申し訳
ないと、体調が悪くても早退を自分から言い出せずにいるのかもし
れません。いずれにしても、本人が無理をしてしまわないように、

体調不良を申し出やすい雰囲気であることが重要です。

● 「仕事の意味（この作業はなんのために行われているのか）を教えてほしい」

ASD タイプの人の場合、いま目の前にあるこの作業はなんのためなのか、気になって考え込んでしまう人がいるかもしれません。単調な業務でもそれがなぜ必要か、仕事全体の流れや背景がわかると理解が進み、本人のモチベーションにつながります。

● 「苦手な作業に区切りをつけさせてほしい」

ADHD タイプの人の場合、単調な作業が延々と続くことが苦手です。長時間にわたり単純作業を続けていると、作業ミスが出てくる可能性もあります。

単調な仕事の合間に負担の大きくない作業も任せるなど、途中で別の仕事を挟むと、上手く気持ちを切り替え、リフレッシュすることにつながり、新たな気持ちで元の作業に取組むことができます。

▶ 周囲の心構え

否定しないこと、繰り返し伝え続けること

発達障害のある人に接するとき、大事なことは、最初から否定しないということです。こちらは通常の業務指導のつもりでも、「それじゃだめだよ。こういうふうにしなければ」とか、「優先度と重要度を決めなければダメだ」などと言うと、発達障害のある人は叱られている＝自分が否定されているように感じ、心を閉ざしてしまうかもしれません。

一方で、障害特性として想像力の乏しさも持ち合わせているため、自分が体験して身体で覚えないことには、せっかくのアドバイスでもすぐに聞き入れることができない場合があります。指導者側としては腹立たしさを感じることがあるかもしれませんが、発達障害の

ある人と定型発達の人とでは情報の取得方法が異なることを理解し、長い目で見守るようにしましょう。

このとき、「どうせ言っても聞かないから何も言わない」というのは誤った対応です。あなたの言葉をいつか理解する日がきますので、あきらめずに繰り返しアドバイスを続けます。発達障害のある人のなかには、たゆまない努力を続け、学び続ける人が少なくありません。スピードと即戦力を期待される現代に生まれて、気の毒としか言いようがありませんが、非常にゆっくりと、でも確実に発達障害のある人は成長し続けているのです。

同僚として知っておきたい発達障害の特性
◎白黒思考と行動

発達障害のある人は、白黒思考の持ち主であることがよく知られています。白黒思考とは、物事を白か黒かで判断し、曖昧な状況は認められないというような考え方の癖を言います。

白黒思考の持ち主は完璧主義な人に多く、自分に対しても、他人に対しても、厳しいハードルを設定してしまうことがあります。例えば、合格点は取れているのに、100点が取れなかったとき、「完璧ではない」と自分自身を責めてしまいます。そのため、周囲の目にはストイックな行動として映ります。昇格試験など、受けると決めたら1日も休まず勉強を続け、120％の力で頑張ってしまいます。試験に受からなかったときの気持ちの落ち込みは周囲が想像する以上に大きく、ショックを受け止めきれずに「試験に合格しないから転職する」「何回受けても受からないから、もう受けない」と極端で短絡的な行動に出ることがあります。

発達障害のある人の完璧思考の一端を感じた場合には、どのように対応すべきでしょうか？　少なくとも、本人のショックは相当なものであることを理解しておきましょう。本人にとっては気休めと感じるかもしれませんが、受験勉強とは違い、社会人になってから受ける資格試験や検定試験の場合は、1回で合格する人ばかりでないことや、多くの人が何回もチャレンジするもので、たとえ試験に

合格しなくとも、真面目な仕事ぶりが周囲に評価されていることなどを伝えてあげましょう。

◎避けたい質問——世間話で傷つく

　発達障害のある人のなかには、会話の相手がどのように受け止めるかを想像できずに発言し、相手を怒らせてしまう人がいますが、それは障害特性である想像力の弱さによるものです。彼／彼女たちに感情がないわけではありません。

　個人差はありますが、周囲に合わせようと非常に神経を使っている人の場合は、オフィスで交わされる世間話に大きく傷ついていることがあります。例えば、独身者に対する「どうして結婚しないの？」「どうして彼女／彼氏がいないの？」という質問には、その場の"話題づくり"ぐらいの意味しかないかもしれません。しかし、本人に結婚願望があっても、様々な理由で難しい場合もあり、聞かれたくない質問であることはおわかりいただけると思います。

　男女間のコミュニケーションは、職場でのコミュニケーション以上に難易度が上がります。コミュニケーションが苦手な発達障害のある人の場合、パートナーを見つけたくとも上手くいかない人もいて、そのことを気にしている人も少なくありません。また、子どもを持つことについても、（発達障害のある人に限りませんが）健康上の理由で妊娠・出産が難しい人もいるため、容易に質問することは避けるべきでしょう。

　さらに、プライベートな出来事（家族との口喧嘩等）で体調を崩すなど、心配事や不安な気持ちが身体に出やすい人もいます。周囲の方々には、発達障害の人たちが聞かれたくない質問をズケズケとしないよう、デリカシーを持って接していただくようお願いしたいと思います。

◎必要以上に強く受け止める

　発達障害のある人は、周囲の言葉に影響されやすいだけでなく、必要以上に強く受け止めてしまうところがあります。第1章で述べ

た特性の感覚過敏等に加え、ストレスと不安からくる二次障害や難聴、腸疾患、アレルギー疾患などに加え、女性では婦人科系の疾患を合わせ持つ人もいます。周囲が安易に発する以下のような言葉も、体力に課題を抱えている発達障害のある人には必要以上に突き刺さることがあります。

「会社に休まず来るのが社員としての基本で、健康管理を行うのは当然でしょ？」

「ちゃんと健康管理しているの？」

「いつになったら治るの？」

「どうしてそんなに遠い病院へ通っているの？ 便利な近くの病院に変えれば？」

　そもそも、発達障害のある人は自身に体力がないことを自覚しています。疲れないように、無理しないようにと、いくら気を付けていても、様々な出来事（騒音をはじめとする環境面の問題、人間関係、人事異動などの環境変化など）で、いとも容易く影響を受けてしまうのです。そのため、ちょっとした出来事が影響して体調を崩し、突発で休みをとる人も少なくありません。有給休暇の日数内であれば労務管理上問題はないはずですが、本人は必要以上に悩んでしまうことがあります。「また休んでしまった。職場の人たちに申し訳ない」「こんなにしょっちゅう休んで、みんなに迷惑をかけている」「フルタイム勤務で働くには体力的に無理ではないか…」というように、一人で思い悩んでいるかもしれません。同様に、周囲が残業しているなか、自分だけ早めに退社することを申し訳なく感じる人もいます。

　体調が悪いときは休んでよいこと、体調を優先して、残業はしなくてよいこと、他の人が残業していても、気にせずに退社してよいことをきちんと伝えます。さらに、周囲の人たちは、発達障害のある人が早めに退社することを気にしていないということもはっきり伝えてあげましょう。

発達障害のある人が今後社会に望むこと

　以下、当事者の言葉から、発達障害のある人の社会に対する思いを見ていきましょう。

Ａさん「いわゆる世間の望む普通の人なんてあまりいないと思います。理想を求めすぎないで、個人は個人であってよいのではないでしょうか？

　　　　学校教育の現場でも発達障害のある生徒への支援制度が進み、特別支援教育を受ける子どもが増えているそうですが、IQ の高い生徒が特別支援教育を進路に選択するのは残念です。発達障害のある生徒のなかでも、IQ の高い学生の可能性を制限しないでほしいと思います。学校では、自力で生きていくために、自分で考える力を身につけさせてほしいです」

Ｂさん「精神・発達障害者を対象にした、公共の職業訓練や実習は、『職域開発科〇ヶ月コース』と称した、清掃や棚積みなど単純労働ばかりで、本人の意欲を欠く訓練内容です。特に、発達障害のある人は、高機能自閉スペクトラム症で IT に適性のある人が多いですが、一方でビジネスマナーに欠けるところがあります。

　　　　実務に加え、後者に重きを置き、短期でビジネスマナー（報告・連絡・相談やプレゼンテーション力）を身につけ、卒業できるコースが必要と感じています」

Ｃさん「健常者、障害者を問わず、誰でも、変わったところはあります。定型発達の人にも、変わった人はたくさんいます。その程度に差がある、"不思議ちゃん（女性）／宇宙人（男）"と捉えてもらえる世の中が、あと 10 年かけて目指す姿ではないでしょうか」

▶ 現在、そして近い将来

障害者雇用の追い風と、それに追いつかない職場の体制

　発達障害のある人たちの就職件数が増加し、就業定着がテーマとされたのはそれ程前のことではありません。近年、発達障害のある人の就職はさらに進み、雇用におけるテーマはキャリアアップに移行しつつあります。障害者雇用においても、仕事の選り好みをできる状況でない時代に就職した人たちが、キャリアアップを目指して転職を考えるというフェーズにきているように思われます。

　このように、発達障害のある人たちの就労状況は転換期にあります。果たして、彼らを迎え入れる職場では彼ら、彼女らのことを正しく理解し、適切な対応が十分にできているのでしょうか？ もちろん、企業のなかには、あらかじめ用意された当事者が働きやすい環境の元、多くの発達障害のある人が活躍している素晴らしい職場は少なくありません。発達障害のある人をサポートする体制が整い、理解と指導力のある人材を抱えている企業も増えてきていると感じます。著者個人も全国各地で素晴らしい支援者の方々と出会い、交流を続けています。

　しかし、発達障害のある人が配属された職場のすべてで適切な対応ができているだろうかと考えると、いささか心細いものがあります。発達障害のある人の雇用数は急増していますが、職場自体の理解が進むこと、特に一緒に働く人が発達障害のある人の個々の状況を理解し、適切な対応ができるようになるまでには、ある程度の時間が必要です。職場の体制が雇用のスピードにはまだ追いついていない、というのが実際のところではないでしょうか。

診断を受けた当事者の気持ちを理解する

　そして、もう１つ伝えておきたいことがあります。著者がこれまで多くの発達障害のある人の相談を受けてきたなかには、診断を受

けてから、あまり時間の経っていない人もいました。彼ら／彼女らについて共通して感じられたことは、発達障害の診断を受けた途端、今までできていたことができなくなってしまうということです。

　診断を受けた人の多くは、これまでの自分を振り返ることになります。その際、自分の苦手なことを、これも苦手、あれも苦手とリストアップしていきます。その結果、一般就労で勤務していた会社を退職し、障害者雇用での就職活動を始めようとする人が書く履歴書には配慮事項が山のように並びます。そのなかには仕事には関係のない、極めて些細なことも含まれていて、本当にそこまで書く必要があるのだろうかと、個人的には首をかしげたくなることも多いのです。

　もちろん、一人ひとりの個性は異なりますが、どの人も一般就労で特性を理解されずに大変な思いをした後で診断を受け、一気に自信をなくしたことが想像できます。もう一度自信を取り戻すためには時間が必要です。著者が相談を受けた当事者のみなさんのことを思い浮かべてみると、診断を受け入れるまでにはかなりの時間がかかっているようです。

　診断を受けて間もない場合、自信を喪失して、気持ちが安定していないこともあるというのは、職場で理解しておきたいことの1つです。そして、履歴書に書かれた山のような配慮事項のすべてに対応する必要があるとは限りません。業務上、影響が出る障害特性は何か、本人と話し合ったうえで、本当に必要な配慮についてしっかり見極めていただきたいと思います。そして、一緒に働く周囲の方には、発達障害の診断を受けたことにより、人生で大きな変化を経験した人の心の機微を理解しながら、本人を元気づけ、職場の同僚として接していただきたいと思います。

コミュニケーション＋障害特性への慮り

　発達障害のある人と定型発達の人が一緒に働く職場では、お互いの理解がまだもう少し足りないところもあるかもしれません。発達障害のある人は空気が読めないと言われますが、過去の失敗経験か

ら、自分の言動による周囲の空気の変化にはすごく敏感な人も多いようです。しかし、周囲の空気が変わったことには気づいても、正しい対処法がわかりません。本人は必死に気を遣い、くたくたに気疲れしてしまっている状況です。

　発達障害のある人が入社後、周囲は職場に早く慣れてもらいたいという気持ちで昼食に誘うようにしていたら、本人は環境に慣れるだけで精一杯で、同僚と一緒に昼休みを過ごすと、苦手な雑談もしなければならず、疲れ切ってしまっているということもあるかもしれません。昼食に誘う前に、本人の状況をほんのちょっと確認してみたり、「疲れていたら断ってよいですよ」と一言添えるだけで、状況はより良い方向に変わるかもしれません。

　お互いを知るためにも、日常のコミュニケーションは重要です。双方にとって、コミュニケーションの良い形をあともう少し意識して考えてみる必要があるのではないでしょうか。発達障害のある人に対して、周囲から声をかけ続けること、理解していることを言葉で示すことが重要です。発達障害のある人の特性や苦手とすることを自然に受け入れてくれる職場では、本人も理解されているという安心感を持って、仕事に臨むことができるでしょう。

ダイバーシティを生きるために必要なこと

　また、別の視点で考えてみると、世の中には様々な多様性のある人たちがいて、発達障害のある人もそうした人材のうちの１人でしかありません。障害の有無に関わらず、誰もがそれぞれの個性を尊重して生きていく時代になってきていると言えます。つまり、突き詰めて考えると、一緒に気持ちよく働いていくために必要なことは、双方が多様性を受け入れること、お互いの心情を汲み、デリカシーを持ち接することではないでしょうか？　発達障害のある人が相手の気持ちを汲めない人たちとして注目されるのは非常に残念なことですが、もしかすると、周囲の方に発達障害に関する知識が欠けていたり、デリカシーが足りないこともあるかもしれません。

　発達障害のある人は、相手の意を汲んで先回りをすることはでき

なくとも、説明を受け、なぜそれが必要かわかれば、確実にこなせる人たちです。お互いのミスコミュニケーションによる不要なストレスを回避し、シナジーを高めることは可能です。お互いをよく理解すれば、職場の同僚として、発達障害のある人にもっと活躍してもらうことは可能なはずです。しかし、そのための取組みがまだ不十分であると思います。

　障害者雇用数が増加し、就労定着も達成しつつあるいま、企業も周囲で一緒に働く人たちも、発達障害のある人たちのキャリアアップをどのように応援できるか、見つめ直す必要がでてきているのではないでしょうか？

　一般の職場で働く発達障害のある人の就労定着に支援者の存在は欠かせません。障害のある人の就労支援を担う専門家の支援も必要ですが、一般の職場で働く発達障害のある人にとっては職場の皆さんのサポートが何よりも重要です。ダイバーシティ（多様性）をお互いにインクルージョン（包括）することが企業の持続的成長の原動力となります。多様性を互いに尊重し、認めあい、ともに活躍し成長することができる職場環境・風土づくりは一人ひとりが自ら関わり、周囲にも働きかけて新しい価値を創造していくことに尽きます。発達障害のある人と一緒に働く職場の方々はダイバーシティの一端を担っています。一人ひとりが能力を最大限に発揮することはもちろんですが、発達障害のある人に声がけし、サポートをすることで、最良のチームワークが完成します。活発な意見交換や新しい提案を受け入れる制度や社風が生まれ、社員一人ひとりのモチベーションにもつながっていくでしょう。皆様のサポートで、発達障害のある人たちが安心して本来の力を発揮し、活躍できる職場が増えることを心より期待しております。

おわりに

　著者はこれまで、数多くの発達障害のある人たちと出会い、就職・転職活動の過程で彼ら／彼女らの真面目さ、正直さを目の当たりにしてきました。そして、融通が利かないがために困っている発達障害のある人たちの力になりたいと、就職・転職活動を応援してきました。また、就業後も彼ら／彼女らを見守り続けています。長く交流を続けている人も多く、ある意味、キャリアライフの伴走者と言えるかもしれません。

　長いキャリアライフのなかで少しでもお役に立ちたいとの想いで2010年から刊行した「発達障害の人の就労支援シリーズ」は、2019年に刊行した第10弾で完結しました。この年月の間に発達障害のある人の就職件数は飛躍的に増加し、当事者からの相談も、就職・転職のアドバイスから、職場定着、そして、さらなる飛躍のためのキャリアアップへとテーマが移り変わってきています。

　就業後の当事者たちとの長年の交流や、3年間活動した「発達障害のある人のキャリアアップ創出プロジェクト」のメンバーとの交流から著者たちも学び続けています。発達障害のある人のなかには、秀でた能力を持つ人たちが多いですが、一方で体力やマルチタスクなど、見た目にはわからない苦手さを持つ人も少なくありません。普段は意識していませんが、発達障害のある人たちと交流する際、何か問題が発生したときの彼ら／彼女らの慌てふためきぶりに接すると、このようなときに職場で適切な対応をしてくれる方がいればと願うことが多いこの頃です。本書が発達障害のある人の支援に関わる方々の知識と理解のヒントとなり、さらに、それが発達障害のある人の働きやすさにつながれば幸いです。
　ご多忙にもかかわらず共著とコラムの執筆を快く引き受けてくだ

さった関係者の皆様のご協力により、本書は多角的な視点を備えることができました。教育・医療・支援、企業の現場で専門家として当事者に向き合い、大きな役割を果たしている執筆者の皆様の活躍に敬意を表すとともに、心より御礼を申し上げます。

　また、本書をお読みいただいた発達障害のある人の支援に関わる方々、職場で当事者と一緒に働く方々に大きな期待を寄せております。本書では一人ひとり異なる発達障害のある人の特徴や考え方、困りごとの事例を紹介していますが、その特性は個々に異なるゆえに、どのような対応方法が好ましく、正しいのかというような1つの答えはありません。しかし、本書で紹介した数多くの事例によって、発達障害のある人の力になろうとする皆様の知見がさらに広がることは間違いありません。

　発達障害のある人が、支援者の皆様、周囲の皆様に支えられて、安心した職業生活をおくり、活躍することを心より願っています。

2020年4月　石井京子

著者（五十音順）

石井京子（第1章・第5章）
一般社団法人　日本雇用環境整備機構　理事長
上智大学外国語学部英語学科卒業。通信会社を経て、障害のある方専門の人材紹介事業に創設期より参加。複数の人材サービス会社にて、数多くの企業に障害者雇用に関するコンサルティングサービスを提供。（株）A・ヒューマンで発達障害のある方のキャリア相談に対応。発達障害や難病のある方の就労に関する執筆や講演活動にも積極的に取り組んでいる。
（一社）日本雇用環境整備機構　https://www.jee.or.jp/

池嶋貫二（第3章）
セットパワード・アソシエイツ　代表
一般社団法人　日本雇用環境整備機構　理事
近畿大学理工学部数学物理学科卒業。SIer企業を経て、特例子会社・人材サービス企業にて障害者の人材紹介、人事採用、事業マネジメントなどに従事。2009年に障害者の就活支援と企業の障害者採用支援のサービス提供を開始（神戸市）。障害・がん疾病啓発活動の講師も担う。

林　哲也（第2章）
合同会社ライムライト　代表
東京タワーヴュークリニック麻布十番　院長
信州大学医学部卒業。医師として自律神経失調、渡航医療、精神科（さいとうクリニック）の外来診療を担当。合同会社ライムライトではヒューマン・コンサルティングサービス（産業医、メンタルヘルス・発達障害相談、グリーフカウンセリング、医療通訳・翻訳等）を提供している。日本薬科大学客員教授兼任。

村上由美（第4章）
Voice manage 代表／言語聴覚士
上智大学文学部心理学科、国立身体障害者リハビリテーションセンター学院聴能言語専門職員養成課程卒業。幼少時、自閉症の可能性を指摘され、心理士や母親の療育を受けて育つ。総合病院等での就労を経て、重症心身障害児施設で言語聴覚療法や発達相談などに携わり、現在は声に関する研修の講師、自治体の発育・発達相談、講演などで活躍。

コラム執筆者（五十音順）

宇田亮一
一般社団法人 SPIS 研究所　理事長／臨床心理士
大阪大学経済学部経済学科卒業後、キリンビール（株）に入社。山口支社長、（株）
キリンビジネスシステム取締役社長、キリンビール（株）横浜工場副工場長を歴
任。その後、立教大学院現代心理学研究科臨床心理学専攻博士課程前期課程卒業
後、立教大学心理教育相談所研究員を経て、現在、心理臨床ネットワーク　アモ
ルフ代表。

榎本 哲
発達障がいキャリア開発研究所
医薬品企業で、営業企画、人事、総務、労働組合、広報等の職務に従事。一方で、
長年にわたり病気や障がいの当事者、家族支援をテーマに、医療福祉分野の社会
活動に携わり、中間支援を中心に複数の団体の理事や評議員などを担う。現在は、
発達障害を中心に、病気や障害のある本人・家族の社会参加（主に就労後のキャ
リア形成）に関する実践研究に取り組んでいる。

北原和佳
社会福祉士／２級キャリア・コンサルティング技能士／GCDF キャリア
カウンセラー
IT 企業で SE として働いた後、人事に異動。社内で女性社員の働き方支援や社
員のメンタル相談を行った経験をきっかけに、2008 年より人材紹介会社にて障
害者の就労支援を行う。福祉業界、民間企業双方で障害者就労支援を経験し、
2017 年より現職。企業内での障害者雇用と就労支援の他、地域の障害者生活支
援を行っている。

水谷美佳
精神保健福祉士／公認心理師／２級キャリア・コンサルティング技能士
一般企業勤務後、2007 年より困難を抱える若者や障害のある人への就労（就労
準備、就職、リワーク、就労継続、キャリア形成）支援に携わる。現在は行政機
関にて、精神障害者の雇用促進業務および就労支援を行っている。専門学校の講
師、日本キャリア開発協会が運営する啓発交流会の座長としても活動中。

安尾真美
特定非営利活動法人 さらプロジェクト 「働く力」教育事業本部　統括本部長
経営コンサルティング会社を経て、2012 年さらプロジェクトに入職。法人が運
営する就労移行支援事業所さら就労塾において、精神障害・発達障害のある人た
ちの職業訓練及び就労支援に携わる。現在、障害福祉サービスである就労移行支
援事業にとどまらず、働くことに困難を抱える若者の支援にも取り組んでいる。

発達障害の人の雇用と合理的配慮がわかる本

2020（令和2）年5月30日　初版1刷発行

著　者　石井京子・池嶋貫二・林哲也・村上由美
発行者　鯉渕友南
発行所　株式
　　　　会社　弘文堂　　101-0062　東京都千代田区神田駿河台1の7
　　　　　　　　　　　　TEL03（3294）4801　　　　振替00120-6-53909
　　　　　　　　　　　　https://www.koubundou.co.jp

ブックデザイン　青山修作
印　刷　大盛印刷
製　本　井上製本所

© 2020 Kyoko Ishii et al., Printed in Japan.

JCOPY ＜（社）出版者著作権管理機構　委託出版物＞
本書の無断複写は著作権法上での例外を除き禁じられています。複写される場合は、
そのつど事前に、出版者著作権管理機構（電話 03-5244-5088、FAX 03-5244-5089、
e-mail : info@jcopy.or.jp）の許諾を得てください。
また本書を代行業者等の第三者に依頼してスキャンやデジタル化することは、たとえ
個人や家庭内での利用であっても一切認められておりません。

ISBN978-4-335-65188-5